Contents

Preface	iv
HOOFSTUK 1	1
HOOFSTUK 2	11
HOOFSTUK 3	16
HOOFSTUK 4	22
HOOFSTUK 5	26
HOOFSTUK 6	30
HOOFSTUK 7	33
HOOFSTUK 8	37
HOOFSTUK 9	43
HOOFSTUK 10	49
HOOFSTUK 11	55
HOOFSTUK 12	61
HOOFSTUK 13	67
HOOFSTUK 14	72
HOOFSTUK 16	77
HOOFSTUK 15	79

Preface

Hierdie boek
is die Afrikaanse vertaling van
(Help and Advice From Above)
geskryf deur Shane Marquin van Rooyen.

Inleiding

Help en Advies van Bo

Hierdie boek is geskryf deur Shane Marquin van Rooyen.

Dit is geïnspireer deur die gawe van die Heilige gees.

Die boek bevat kragtige boodskappe en woorde van aanmoediging, volgens ons alledaagse lewe.

Ons as mense soek elke dag na antwoorde vir ons vrae en die situasies waarin ons onsself bevind.

Hierdie boek is saamgestel deur gebed, openbarings, navors-

SHANE MARQUIN VAN ROOYEN

Hulp en Advies Van Bo
Restorasie Genesing en Verlossing

First published by Reedsy. Com 2024

Copyright © 2024 by Shane Marquin van Rooyen

All rights reserved. No part of this publication may be reproduced, stored or transmitted in any form or by any means, electronic, mechanical, photocopying, recording, scanning, or otherwise without written permission from the publisher. It is illegal to copy this book, post it to a website, or distribute it by any other means without permission.

This novel is entirely a work of fiction. The names, characters and incidents portrayed in it are the work of the author's imagination. Any resemblance to actual persons, living or dead, events or localities is entirely coincidental.

Shane Marquin van Rooyen asserts the moral right to be identified as the author of this work.

Shane Marquin van Rooyen has no responsibility for the persistence or accuracy of URLs for external or third-party Internet Websites referred to in this publication and does not guarantee that any content on such Websites is, or will remain, accurate or appropriate.

Designations used by companies to distinguish their products are often claimed as trademarks. All brand names and product names used in this book and on its cover are trade names, service marks, trademarks and registered trademarks of their respective owners. The publishers and the book are not associated with any product or vendor mentioned in this book. None of the companies referenced within the book have endorsed the book.

Second edition

Editing by Shane Marquin van Rooyen

*This book was professionally typeset on Reedsy.
Find out more at reedsy.com*

ing, notas en persoonlike ervarings.

Help en adviseer is die twee dinge waarna ons in ons daaglikse lewe soek.

Hierdie boek gaan oor ons swaarkry en stryd in die lewe, van angs, depressie, woede verwarring, en nog baie meer.

In hierdie boek het ek 14 tot 15 baie belangrike onderwerpe saamgestel teenoor ons daaglikse stryd in die lewe as mense, maar die belangrikste is ons Christelike lewe, geloof en hoe om dit te leef.

In elke onderwerp of hoofstuk kyk ons na die verloop van ons probleme, hoe om dit te bestuur en hoe om dit deur Sy woord te oorkom.

Ons hulp en ons raad kom beslis van Bo, van God en Sy troon af.

Daarom het Hy ons die gesag gegee om te heers oor elke situasie waarin ons ons bevind.

Ons pyn, ons lyding en ook ons stryd.

In hierdie boek is 'n bietjie iets van alles, om jou toe te rus as Christen, maar ook om vordering te bring in die suiwer geloof en glo, dit kan sekerlik 'n groot verskille in ons lewens of selfs volledige transformasie bring in wat jy sukkel met.

Dit is geskrewe materiaal waaruit ons beslis kan leer, maar kan ook leer.

Ons kan die hulp en raad van bo op ons eie lewens toepas, maar ons kan dit ook deur Sy woord op 'n ander liefde se lewe toepas.

Wees bemoedigend, wees versterk die trog geloof in ons Here en Verlosser, Jesus Christus.

Hierdie boek, bied genesing restorasie en verlossing in en op verskillende gebiede of areas van ons lewens, gebasseer op ware Woord en skrifdele en gebede uit die woord van God.

Die skrywer deel sy persoonlike ondervinding en testimonies met ons deur met ons te kyk na ons alledaagse probleme en ondervindings waar ons mee sukkel.

Hy kyk na die oorsaak van sekere probleme, hoe om dit te hanteer en hoe om daarvan onslae te raak.

Die skrywer wil jou aanmoedig om jou geloof te laat werk. Die Bybel leer ons dat God ons die geloof gegee het om te glo toe ons die eerste keer gered is. Ons is almal 'n mate van geloof gegee en God wil hê dat ons hierdie geloof moet gebruik om die planne en doelwitte waarvoor Hy ons geskep het, na te kom. Geloof moet aan die werk gestel word, want geloof sonder goeie werke is dood (Jakobus 2:14-26). Geloof gee doel en rigting in die lewe

Geloof vee twyfel uit en die idee dat dinge gedoem is om te misluk. Geloof bring kanse dat dinge sal uitwerk, en dit word hoër as dit gepaard gaan met aksies. Deur groot geloof te hê, voel ons meer aangemoedig om nuwe dinge te probeer en sodoende doel aan 'n mens se lewe te gee. Jakobus 2:17 So is die geloof, as dit geen werke het nie, dood, op sigself. Weereens erken Jakobus die teenwoordigheid van geloof in die gelowige.

Hy sê dat geloof op sigself nie ongeldig of afwesig is nie.

Nietemin sê Jakobus dit is "dood" omdat dit bestaan sonder werke wat geloof sy doel om God te verheerlik, ontken.

Job was 'n man met groot geloof in God. Hy het vir sy gesin gebid en 'n goeie lewe gelei. Satan het gedink dat Job van sy geloof sou wegstap as God die dinge in sy lewe wat hy liefgehad het, insluitend sy kinders, al sy besittings en sy gesondheid, verwyder het. God het Satan toestemming gegee om die geloof van Job te toets, maar hom nie dood te maak nie.

Erken God se teenwoordigheid en kies om jou gedagtes op die Skrif te fokus. Oefen om 'n gedeelte te memoriseer of dit in diepte te bestudeer deur kommentaar te lewer. Gebruik die tyd om 'n gunsteling gedeelte in 'n notaboek te kopieer. Dink diep oor 'n klein gedeelte en hoe dit van toepassing is op wat jy in die lewe hanteer. Want dit is uit genade dat jy gered is, deur geloof — en dit is nie van julleself nie, dit is die gawe van God — nie deur werke nie, sodat niemand kan spog nie. Want ons is God se handewerk wat in Christus Jesus geskape is om goeie werke te doen, wat God vooraf voorberei het om te doen. Geloof wat werk, is om God se Woord te glo. Dit beskou nie die omstandighede nie, dit is gefokus op wat God gesê het en bring sy woorde dienooreenkomstig in lyn. Jy kan die verandering veroorsaak wat jy begeer. Dit hang af van jou geloof.

Redes vir die verlies van geloof

traumatiese ervarings wat jou laat twyfel of jou God werklik welwillend is. Geestesgesondheid, soos depressie of angs, ervaar rou en wonder of die lewe die moeite werd is, voel eensaam en ontkoppel van ander,

Ek wil jou aanmoedig om jou geloof te laat werk.

Die Bybel leer ons dat God ons die geloof gegee het om te glo toe ons die eerste keer gered is. Ons is almal 'n mate van geloof gegee en God wil hê dat ons hierdie geloof moet gebruik om die planne en doelwitte na te kom.

Dit is hoekom Jesus gesê het, "… As jy kan glo, is alle dinge vir hom moontlik wat glo."

Sodra geloof geaktiveer is en geaktiveer is, word 'n persoon geaktiveer en bemagtig sodat hy in staat en bekwaam is om te doen wat dit ook al is wat God vir hom gesê het om te doen. Die persoon kan selfs die onmoontlike doen! Geloof maak die onmoontlike moontlik.

HOOFSTUK 1

A ngs:
   Wat die verstand ook al kan bedink en glo dat dit kan bereik.

Elke dag is 'n nuwe begin, 'n gegewe kans om sekere voordele in die lewe te oorkom en 'n kans om 'n beter persoon te word, om uit ons verlede te leer en groter te doen, het elke dag inderdaad sy eie en nuwe uitdagings in die lewe. Sommige volg ons van ons yesturdays in die lewe en pla ons in ons dae,

Die lewe word aan ons gegee as 'n geskenk van bo. Die lewe is een van die mooiste en wonderlikste gawes van God, maar vir ons is die lewe op een of ander manier 'n uitdaging en dit moes met groot verwagtinge geleef word.

Ons as lewende mense gaan een of ander manier deur net te veel om te hanteer op ons daaglikse basis van die lewe. Ons gaan deur so baie en ons gaan deur verskillende dinge en die druk van die lewe in die algemeen druk ons na sekere rande van die lewe. Elke dag is inderdaad net 'n stryd op sy eie. Die stryd of stryd is glad nie natuurlik nie, maar dit is 'n geestelike stryd en ons as mense, ons is die manifestasie van die stryd, want ons is almal op een of ander manier verbind met 'n groter dominant.

Dit maak nie saak in wat jy glo nie, maar wat jy ook al glo, het 'n impak op die natuurlike lewe op aarde en dit manifesteer op een of ander manier vir ons.

Vandag wil ek met jou praat in my eie woorde, uit my eie ervarings, oor die een onderwerp wat ons as mense ondergaan, wich is angs. God beskou angs as 'n geloofskrisis. Die oortuiging hier is dat angs toon dat die persoon nog nie volle vertroue in God kon stel nie, want vrees self is iets wat bedoel is om prysgegee te word aangesien elke persoon bedoel is om deel te wees van God se plan.

Die Bybel lys angs as 'n algemene probleem deur die menslike geskiedenis. Vrees en gebrek aan beheer is dikwels die onderliggende redes vir angs. Agter vrees is daar dikwels twyfel en 'n gebrek aan vertroue in God se soewereiniteit oor ons lewens. Ons bekommernisse, vrese en twyfel skep hindernisse tot 'n dieper geloof in God. Angs is die mees algemene aanval in ons lewens op daaglikse basis. Mense word mal, mense beland in hospitale en beland selfs in die dood weens Angs.

Ons ervaar angs op soveel verskillende maniere en situasies en ons word kwesbare slagoffers van die skade wat dit kan veroorsaak.

Ek was self 'n slagoffer van die skade van angs.

Dit het so ernstig geword in my lewe dat ek in 'n situasie beland het waaroor ek geen beheer gehad het nie, en dit het my na die plek van selfmoordmanifestasies gebring. Ek het in

HOOFSTUK 1

hospitaalgeriewe beland.

Die wortel van angs kom uit verskillende situasies, ons wil nie altyd praat oor die dinge wat ons deurmaak na ander mense of dinge wat in die verlede met ons gebeur het nie, selfs wanneer ons probleme in ons huishoudings het, of die skool se wat ons bywoon of probleme en kwessies by ons werkplekke of selfs in ons huwelik, ons hou eerder op en ons het stadig maar seker van binne gebou, wat ons tot 'n punt van ramp lei.

Iets waaruit ons moet leer, is dat ons moet leer om onsself oop te wees en weg te kom om met 'n betroubare persoon of party oor ons situasies te praat.

Angs het wel die mag om ons stil te maak, nie dat ek dit in elk geval 'n mate van krediet gee nie, maar dit is 'n werklikheid en dit kan ons laat sterf in stilte van binne na buite.

Ons moet iemand vind wat ons kan vertrou om mee te praat, sodat ons onsself kan oopmaak.

Daar is altyd hulp daar buite, daar is altyd goeie raad van iemand daar buite. Iemand op wie ons sonder twyfel kan vertrou, na wie ons kan gaan.

Vandag wil ek met jou praat oor die mees betroubare en perfekte genesing teen die kwessie van angs.

Dit is vir ons as mense baie belangrik om die regte genesing teen ons probleme te vind. Ja, ons soek antwoorde, maar ons soek nie altyd op die regte plekke vir die regte antwoorde of genesing nie en ons kry nie die bevrediging waarna ons gesoek het nie. Die regte genesing teen die aanvalle van angs kom van die Woord van God. Ek het net dieselfde ervaar en ek het my hulp van Sy woord gekry, en dit genees my heeltemal van die atacks.

Ek noem dit aanvalle, want angs kom nie van God af nie, dit

is 'n aanval van die vyand van God, want ons aanklaer satan, die devill.

Daar is altyd 'n stryd tussen goed 'n euwel en soos goed probeer om die menslike siele te beskerm, probeer die bose die menslike siele vernietig. Angs kom van die aanval van die bose in ons lewens om ons lewens te vernietig.

Ons moet dus toerus teen sy aanvalle, Alhoewel sommige van ons dalk reeds onder die aanval van 'n angsituasie is, maar my vertrou wanneer ek sê, "niks om oor bekommerd te wees nie," want daar is beslis 'n uitweg uit jou situasie. Die rekord toon dat die kuur waaroor ek met jou wil praat tot vandag toe, "Die beste kuur ooit."

Ja, dit het herhaaldelik syelwe oor en oor gewys.

Die genesing is, niks anders as geskryf in die Woord van God nie. Alle antwoorde waarna ons ooit soek, word in Sy woord opgeteken. Die Christen kan nie bekommerd wees oor 'n situasie as hy God in die situasie vertrou nie. Jesus het sy lering oor angs voltooi deur te sê: "Maar soek eers die koninkryk van God en sy geregtigheid, en al hierdie dinge sal by jou gevoeg word." Dit is die kern van die kwessie van angs. Dit is die hart van die genesing!

Ek was ook een keer op soek na antwoorde, ek het eenkeer hulp en raad gesoek om my angsprobleem op te doen en ek het dit in Sy woord gevind en dit het heeltemal vir my uitgewerk. So as dit vir my kan werk dat dit beslis vir jou moet werk, want dit maak my in elk geval nie 'n spesiale persoon in die lewe nie, maar dit maak van my 'n ware getuienis om met almal anders die boodskap van geloof en hoop te deel.

Die Here is ons krag in tye wanneer ons swak is, en Hy beweeg

HOOFSTUK 1

deur Sy gees en waarheid na diegene wat desperaat probeer om weer reg te maak.

Vandag is hierdie aanmoediging beslis een van Sy maniere om jou swakheid en kwesbaarheid te bemagtig, deur Sy gees is dit beslis Sy manier om iemand se kwessie van angs te hanteer.

Angs was altyd 'n probleem vir ons as mense, Angs soek nie sekere mense in die lewe nie, maar dit soek ons almal wat kwesbaar is daarvoor,

Angs kom na vore by ouer mense, maar dit teiken ook ons jonger geslag, dit vra nie vir 'n sekere groep mense of ouderdom nie, maar dit slaan toe waar dit die operasie van kwesbaarheid sien. Ons kan angs op verskillende vlakke en verskillende maniere ervaar. Dit is vir ons as God se skepping baie moeilik om te sien waar die wortels van die aanval vandaan kom, maar dit val gewoonlik aan wanneer ons dit nie met die eerste staking kan opmerk nie, ja dit bring woede en frustrasie na vore en verblind ons in die omstandighede wat dit skep.

Kinders gaan ook deur die aanval op vroeë stadiums van die lewe, sommige ervaar dit op skool, sommige by die huis, sommige in hul vriende kringe en dit skep 'n groepdruk op die kind.

Sommige kinders ervaar beledigende en tuisbasisgeweld, sommige ervaar dit waar slegs 'n enkelouer by hul lewens betrokke is.

Ander ervaar angs van dissapointments en selfblaam en soveel meer.

Ouer mense aan die ander kant ervaar angs op baie verskillende maniere, ja dit kan ons uit ons verlede volg, maar dit maak ons meer kwesbaar vir die skade wat dit kan veroorsaak.

Weereens selfblaam, skuld, onvergewensgesindheid speel 'n groot rol in sulke situasies van angs.

Verkragting, Mishandeling, Huweliksprobleme, Finansiële kwessies, druk by die werk, kinderprobleme, bekommernis en soveel meer het die impak daarvan op die skade wat dit kan veroorsaak.

Al daardie dinge maak ons depressief en meer bekommerd en dit het sy manier om die skade te bring wat hy opgedra is om te doen.

Aan die ander kant is dit vir ons baie belangrik om te weet, maar ook om te glo dat God Sy manier het waarop Hy al hierdie dinge kan hanteer.

Vir elke probleem wat ons daagliks in ons lewens in die gesig staar, het God wel die antwoorde.

Ons as mense moet aanvaar dat Sy woord en ons tot die punt moet kom om Hom in ons lewens te erken. Sy woord is 'n lig op ons lewenspad elke dae.

Dit is vir ons baie belangrik om die vrede wat Hy ons bied, te aanvaar, want sonder die vrede van God is ons meer kwesbaar vir die chaos van angs.

Ons moet begin glo dat Sy vrede ons in Sy Woord kan vind en ons moet dit sonder enige twyfel glo.

Twyfel is die een wat ons geloof kan maak in wat ons glo swak is vir die aanval van angs.

Die woord van God, deur ons Here en verlosser Jesus Christus is ons kompas in die lewe, ons kan deur geloof beweeg as ons net die woord en die hulp volg en die woord aan ons bied.

HOOFSTUK 1

Wat sê die woord van God oor hierdie saak en die aanval waarmee ons te doen het, het ANGS genoem

In PSALM 46.
   God is ons toevlug en krag, 'n ewige hulp in die moeilikheid.

Angs veroorsaak 'n vlak van paniek, wich bring vrees uit en ons as mense het nie regtig 'n natuurlike beheer oor dit, ja ons kan gaan soek vir hulp by sekere fasiliteite en ons kan eindig in 'n program vir behandeling, maar dit beteken nie regtig dat dit die antwoord op die probleem wat ons het, ja dit kan help, maar net tot 'n sekere vlak van hulp, ek sê nie dit is verkeerd om dit te doen nie, want ten minste probeer ons genees word van alles wat ons in bevind. Dit is baie belangrik om die gees wat ons binne-in ons het, te bou met die gees self van God.

   Ek sê vir jou dat die stryd in die geestelike wêreld begin het en dit manifesteer in die natuurlike en op een of ander manier het dit sy impak op ons vlees en ons gees in die natuurlike lewe.

   Die goeie nuus waaroor ek jou vandag kan verseker, is, in die hoogste paniekaanval van sy soort, was Jesus in die versoeking tot die hoogste potensiaal van swakheid ooit, maar Hy het dit deurgetrek.

   Die Skrif verklaar dat Sy situasies so dringend was dat die druppels van Sy sweet druppels bloed geword het.

   Daarom kan ons in vrede en vrymoedigheid gaan deur die geloof wat vir ons beskikbaar is deur Sy woord en in gebed in die gees, met ons situasies, met ons omstandighede, met ons probleme en die aanvalle op ons daaglikse lewe en dit neerlê by die kruis, waarin ons moes glo en dit daar blêr, en deur geloof hoef ons nooit weer daaraan te dink nie.

   Die skuld wat ons as mense van God, die skepping van God

na Sy eie beeld gemaak het en soos mense in die lewe maak, is die feit dat ons die bewussyn van twyfel op ons gedagtes toepas en op een of ander manier wil die vyand nie hê dat ons moet glo in die krag van God oor ons situasies. Jesus twyfel nooit om te glo in die een wat Hom gestuur het om jou wil te doen nie.

God se Woord is vol beloftes en Hy staan op Sy woord, maak nie saak wat die situasies in ons lewens mag wees nie.

Ons is die een wat sonder enige twyfel moet glo.

Ja, want ons sal herinner word aan die strategie van satan en hy sal wil hê ons moet glo dat ons te swak is in ons volle potensiaal, maar dit is alles 'n leuen en illusie, 'n strategie wat deur satan geskep word.

Ons hoef glad nie twyfel te hê nie.

In Filip 4 : 6 - 7
moenie bekommerd wees oor enigiets nie, maar in alles deur gebed en smeking met danksegging, laat julle versoeke aan God bekend gemaak word. 7

Daar is geskryf dat, Ons hoef glad nie bekommerd te wees oor enigiets nie.

Ons moet seker maak dat ons ons begeertes in alles in gebed en smeking met danksegging aan God neem.

Wat verstaan ons van hierdie Skrif,

Ons moet seker wees dat niks in hierdie wêreld ons ooit bekommerd of angstig kan maak nie.

Die vyand weet dat as hy dit reg kan kry op enige beskikbare manier wat ons hom gee sodat hy ons tot 'n punt van "kommery" kan bring, hy sy teiken op die punt gestel het.

Ons moet konsekwent wees in geloof deur gebed met 'n hart van danksegging.

HOOFSTUK 1

Danksegging, wat beteken om dankbaar te wees vir wat ons ooit van God in die lewe ontvang het en ook wat ons in die huidige tyd deurmaak. Dankbaar, vir die goeie dinge wat in ons lewens gebeur het of wat in ons lewens gebeur het, maar ook vir die slegte dinge wat in ons lewens gebeur en gebeur het.

Met ander woorde, ons skaal van dankbaarheid moet in 'n gelyke posisie tot die lewe wees.

Wanneer daar hierdie balans van 'n selfs dankbaarheid in ons lewens is, geestelik en fisies, as wat ons in 'n posisie is waar ons die vyand kan verwar.

Dit beteken, want hy weet nie regtig waar om te staak nie.

Danksegging is 'n baie belangrike rol in ons algemene lewens en speel 'n groot rol in ons daaglikse gebede aan God.

Wat ons ook al in die geskenke op die grond plaas, maak plek om in ons toekoms te groei.

Wanneer ons die Skrif verder lees in die Filippyne, vers 7 die woord van God is opgeteken en verklaar,

En die vrede van God, wat alle verstand te bowe gaan, sal julle harte en julle gedagtes in Christus Jesus bewaar.

Ja, want, die vrede van God het die vermoë om ons harte en ons gedagtes te bewaak, deur en in Jesus Christus.

In ons danksegging in ons gebede, selfs vir die situasie van angs, het ons die versekering dat in gebed en smeking aan God deur Chris daar 'n vrede is wat vir ons beskikbaar is.

En dit is nie 'n vrede waarvan die wêreld iets weet nie, maar dit is 'n vrede wat sekerlik alle begrip slaag.

'n Vrede wat ons van binne laat rus en dit manifesteer deur ons lewens na buite.

Dit is 'n vrede wat van bo af deur Sy Gees kom, van binne,

buite.

Dit werk op plekke wat geen mens met die fisiese oog kan sien nie.

Hierdie vrede bring herstel, herstel, genesing en kalmte.

Hierdie vrede begin uit die hart werk en dit kom in lyn met ons gedagtes.

Dit is slegs beskikbaar deur Christus, en hoe ons Hom aanvaar as ons persoonlike verlosser in geloof met geloof teenoor Hom.

Hy is in die hoogste graad getoets. Hy ken die diepste pyn, probleme, hartseer, verdeeldheid, maar ook die hoop op die hart van die menslike soort.

1. Spreuke 12:25. Bekommernis weeg 'n persoon af; 'n bemoedigende woord maak 'n persoon op. Romeine 8:38-39. ...
2. Psalm 91:2. Soek my, o God, en ken my hart; toets my en ken my angstige gedagtes. ...
3. 2 Timoteus 2:7. Dink aan wat ek sê. ...
4. Johannes 14:27. Ek laat jou met 'n geskenk—peace van verstand en hart

HOOFSTUK 2

Depressie:

Depressie is nog 'n resultaat wat deur angs geskep word. Depressie is ook een van die mees algemene oorsake wat ons daagliks in ons lewens ervaar.

Dit is bekend dat mense met enige soort depressie baie kwaad word vir enige sensitiewe kwessies van die lewe.

Depressie maak sy pad na ons as mense deur angs en ons raak soms sonder rede gestres. Dit bring ons ook by die punt van die lewe waar ons op een of ander manier baie moeg en uitgeput voel.

Vir my persoonlik is depressie net nog 'n opgradering van angs en dit is een van die gevaarlikste situasies waarin ons ooit kan beland. Navorsing dui daarop dat depressie nie spruit uit bloot te veel of te min van sekere breinchemikalieë nie. Daar is eerder baie moontlike oorsake van depressie, insluitend foutiewe gemoedsregulering deur die brein, genetiese kwesbaarheid en stresvolle lewensgebeure. Daar word geglo dat verskeie van hierdie kragte in wisselwerking tree om depressie aan te bring. Dit verloop baie slaapstoornisse. Die vraag wat ek altyd in gedagte gehad het, was, Watter werklikheid veroorsaak depressie? Persoonlik glo ek daar kan meer as een oorsaak wees, weereens is daar baie moontlike oorsake van depressie, insluitend foutiewe gemoedsregulering deur die brein, genetiese kwesbaarheid en stresvolle lewensgebeure.

Wetenskaplikes het baie geleer oor die biologie van depressie, maar hul begrip van die biologie van depressie is ver van volledig. Groot vooruitgang in die biologie van depressie sluit in die vind van skakels tussen spesifieke dele van die brein en depressie-effekte, maar wat sê die Bybel oor depressie. Hoe begin dit, wat is regtig die oorsaak en die dryfkrag agter ons depressie situasies in die lewe. Is daar enige hulp of advies wat in God se Woord opgeteken is, wat hierdie onderwerp van depressie vir ons aanbied wat in so 'n situasie beland het?

Dit is in u woord geskrywe dat satan se aanrandings 'n groot oorsaak van droefheid en depressie in die lewe van Job was (Job 1-2).

Demoniese geeste het koning Saul geterroriseer, wat sy emosionele toestand grootliks beïnvloed het (1 Sam 16:14).

In die Nuwe Testament het satan en sy demone mense in die wiele gery en ernstige verdrukking in hulle lewens veroorsaak (Matt 8:22).

So satan het iets te doen met ons daaglikse stryd wat ons onder die krag van depressie het. Vir sommige mense kan 'n ontstellende of stresvolle lewensgebeurtenis, soos rou, egskeiding, siekte, ontslag en werk- of geldbekommernisse, die oorsaak wees. Verskillende oorsake kan dikwels kombineer om depressie te veroorsaak.

HOOFSTUK 2

Die een ding wat Hy God belowe het, was dit, Waar God ook al op die punt staan om op te bou, is hy op die punt om te vernietig.

Is dit iets te doen met ons depressie, Ja, want hy wil ons nie in 'n gesonde toestand sien nie.

Ek onthou, die toestand van depressie waarin ek was en ja, dit het ook op 'n jong ouderdom in my lewe begin manifesteer, van keuses wat ek gemaak het en dit het angs en vrees in my lewe veroorsaak, die een ervaring lei altyd tot 'n ander ervaring. In later dae onthou ek dat ek baie gefrustreerd en kwaad geword het.

Op een of ander manier moes ek die situasie waarin ek was dek, soms het ek ook finansiële gebrek in my lewe gehad en die werksomstandighede wat ek was, het my beslis in 'n rigting van depressie gedruk wat ek nooit wou wees nie.

Ek het as 'n alkohol beland, daar was nie 'n dag wat verbygaan dat ek nie alkohol gehad het nie. Ek het gedink ek kan my situasie dek, maar dit het dinge eintlik baie erger gemaak, want nou het ek nie 'n alkohol geword nie, maar my huwelik gaan onder.

Is dit nie die vuil werke van satan nie? JA, ek kan jou beslis verseker, dit het begin met keuses wat ek in my lewe gemaak het.

Keuses is absoluut die verborge geheim agter dit alles.

Ons kan goeie keuses in die lewe maak en ons kan in 'n goeie toekoms beland, of ons kan slegte keuses maak en ons kan in ons toekoms in slegte state beland. satan is altyd die advertensiebord, wanneer dit by keuses kom en hy wag op hoe ons kies.

In my geval wat ek gebruik het, is ek gediagnoseer met

'n hoë bloeddruk probleem, as gevolg van depressie wat my veroorsaak het om alkohol te misbruik.

So is ons as mense kwesbaar en ons gaan daagliks deur hierdie tyd van pyn en rampe met die hoop dat ons op een of ander manier redding van ons probleme sal wees. Die skade wat depressie kan veroorsaak, is baie gevaarlik vir ons gesondheid en dit kan tot naby die dood of selfs die dood lei, maar dit is baie belangrik vir ons om die feit te aanvaar dat ons 'n depressieprobleem het as ons dit op enige manier ontdek. Soms is dit nie so maklik om dit self te sien dat ons met die probleem sukkel nie, maar wanneer ons dit besef, as wat ons moet gaan soek.

Daar is beslis een manier van hulp van die Woord van God. As ons deur geloof die hulp en raad van die Woord van God kan neem en dit op ons lewens kan toepas, is dit reeds een stap in die regte rigting.

Die een Skriflesing en groot belofte van God deur Sy woord waarop ons moet seker wees oor en kan vertrou , wanneer ons in 'n situasie van depressie is:

Jesaja 41:10

"Moenie vrees nie, want ek is by jou; wees nie ontsteld nie, want Ek is jou God; ek sal jou versterk, ek sal jou help, ek sal jou met my regverdige regterhand handhaaf."

Die Goeie Nuus: Hantering van depressie kan vreesagtig wees.

Maar hierdie vers herinner jou dat met God aan jou kant, daar niks is om te vrees nie.

Dit is 'n herinnering wat van bo af hulp is. Deur gebed, sosiale ondersteuning van Christelike gemeenskap, lyding as 'n gawe en seën van God in vermomming, hoop wat lei tot moed om te lewe en verwagting vir die koms van 'n beter wêreld, vergifnis

HOOFSTUK 2

wat lei tot genesing van trauma, loslaat om te oorkom verlies, en liefde om aangeleerde hulpeloosheid te oorkom ..

(Psalm 34:18) Niemand weet beter hoe ons voel as God nie. Die Here het 'n spesiale roeping vir die gebroke hart, vir ons wanneer ons in die gees verpletter voel. Wat jy nie aan 'n geliefde kan verduidelik nie, of sukkel vir woorde om 'n praatterapeut te vertel, kan jy met God deel. Jy hoef niks weg te steek nie.

As ons kyk na hoe Jesus die kwessie van depressie hanteer het, dan sou ons volkome genesing vind, Hy het sy hart in gebed aan sy Vader uitgestort. "My Vader, as dit moontlik is, laat hierdie beker by my verbygaan (Mattheus 26:39). Hy het sy siel gerus in die soewereine wysheid van God. "Nietemin, nie soos ek wil nie, maar soos jy wil"

(Matteus 26:39).

HOOFSTUK 3

P ortuurdruk: Groepsdruk:

Dit is natuurlik vir mense om met hul maats te identifiseer en hulself te vergelyk terwyl hulle oorweeg hoe hulle wil wees, of dink hulle moet wees, of wat hulle wil bereik. Mense word deur eweknieë beïnvloed omdat hulle wil inpas, soos maats wees wat hulle bewonder, doen wat ander doen, of het wat ander het. Portuurdruk beteken in eenvoudige betekenis (groepdruk)

Is jy 'n slagoffer van Peer-druk of was jy op een of ander manier onder hierdie invloed.

Portuurdruk is baie algemeen onder die jonger geslag of jongmense.

Ons was almal eens jonk en ek glo ons het almal van sy invloed ervaar. Portuurdruk begin altyd op die Desires wat ons het. Ongeveer 90 persent van tieners het gerapporteer dat hulle groepsdruk ervaar het, wat algemeen gedefinieer word as enige eksterne invloedskrag op ons besluite wat 'n uitwerking op ons

HOOFSTUK 3

fisiese of geestelike gesondheid kan hê.

Navorsing sê verder dat die teenwoordigheid van groepsdruk 'n voorspeller is vir die verhoging van stresvlakke, angs en slaapkwessies. Sosiale media voeg 'n beduidende dimensie by groepsdruk. Dit beteken dat 'n jongmens se portuurgroep deurlopende toegang tot hulle het, buite die normale skooldag.

Die oorsake van groepsdruk sluit in die behoefte om in te pas, lae selfbeeld, vrees vir verwerping, en hoogstens die behoefte om veiligheid en sekuriteit van eweknieë te voel. Die effekte van groepsdruk kan negatief wees en het ook die ergste uitkomste. Portuurdruk word die meeste in die ouderdom van 12-19 jaar oud aangetref.

Hoe identifiseer ons, as ons onder die invloed van groepsdruk is, het dit my 'n rukkie geneem om die werklike negatiewe energieë te sien wat ons in ons ruimtes toelaat.

Wat is groepsdruk?

Groepsdruk kom veral onder ons jongmense voor.

Wat jy moet aantrek of op 'n sekere manier optree, om in te moet pas.

Verneuk of kopieer iemand anders se werk of laat ander jou werk kopieer.

Nie sekere mense by sosiale aktiwiteite ingesluit nie.

Neem gevaarlike risiko's wanneer jy bestuur.

Gebruik van dwelms of alkohol.

Winkeldiefstal of diefstal.

Betrokkenheid by seksuele aktiwiteit.

Ons het 4 keer Peer-druk in hierdie wêreld waarmee ons sukkel, en dit is baie algemeen onder ons jongmense:
 Gesproke portuurdruk. Gesproke groepsdruk is wanneer 'n tiener 'n ander vra, voorstel, oorreed of andersins beveel om aan 'n spesifieke gedrag deel te neem. ..

Onuitgesproke Peer Pressure. ...

Direkte eweknie druk. ...

Indirekte eweknie-druk. ...

Negatiewe eweknie-druk. ...

Positiewe ewekniedruk.

Ons kinders gee gewoonlik aan hierdie druk as gevolg van 'n soort redes
 Die mees algemene redes wat ek glo is, is
 Geen ander vriende om mee te kuier nie.

Vrees om verwerp of gekritiseer te word.

Vrees vir oordeel of verleentheid.

Die behoefte om te behoort en die gevoel van veiligheid wat dit bring.

HOOFSTUK 3

Verhoog hul gewildheid en selfbeeld.

Negatiewe groepsdruk hou dikwels verband met die beïnvloeding van boeliegedrag, alkoholgebruik, dwelmgebruik en negatiewe liggaamsbeeld, wat alles skadelik is vir 'n kind of jong persoon se welstand. Die gevolge van sulke gedrag kan selfvertroue, selfwaarde en afstand van familielede en vriende verminder.

So, hoe kan ons ons kinders toerus teen hierdie monster wat dikwels hulle lewens betree en hulle van God af trek, het regtig vir hulle in die vooruitsig gestel.

Weet wat reg is. Vertrou jou eie gevoelens oor wat reg en verkeerd is. ..

Ons moet hulle leer om "Nee" te sê

Het 'n vriend wat saam met jou sal staan. Dit kan regtig help om ten minste een ander eweknie te hê wat bereid is om ook "Nee" te sê.

Help 'n vriend om ook "Nee" te sê en weg te loop.

Ons kan beslis teen hierdie dier veg deur nee te sê en die om op hierdie woord te staan.

Ja, eweknieë is mense wat deel is van dieselfde sosiale groep, so die term "ewekniedruk" verwys na die invloed wat eweknieë op mekaar kan hê.

En hulle word deur sommige demoniese magte in die bonatuurlike krag gebruik om die kinders van God te mislei van hul oorspronklike lot.

Onthou dat die satan na hierdie wêreld gekom het, is baie duidelik in die Skrif dat die Duiwel probeer steel mense van God af weg te steel. Deur wantroue oor God te plant, kon die slang Eva se vertroue van God af wegsteel.

Hulp en Advies Van Bo

Portuurdruk of Groepsdruk,
is nie net 'n verskynsel wat tot die tienerjare beperk is nie. Dit gaan voort om sy invloed tot in volwassenheid uit te oefen, al is dit in verskillende vorme.

As volwassenes bevind ons ons dikwels in situasies waar ons onder druk voel om aan die verwagtinge en keuses te voldoen.

Onuitgesproke groepsdruk vind plaas wanneer 'n persoon of groep mense betrokke raak by 'n gedrag en jy moet besluit of jy sy voorbeeld moet volg of nie. Miskien is jy by 'n partytjie en iemand bied die groep 'n paar dwelms aan, of dalk bel jou reeds skerp vriend sy vrou en lieg oor waar hy is om later uit te bly.

Voorbeelde van negatiewe groepsdruk sou oormatig drink ten spyte daarvan dat jy dit nie geniet nie, of dalk probeer jy 'n lewe lei wat iemand maak wat baie meer geld maak as wat jy leef, al is dit nie boaan jou lys van wat jou gelukkig maak nie.

Wat sê die mense oor al hierdie dinge?
Wat sê die Woord van God oor al hierdie dinge?

Is daar enige hulp of advies van bo, na hierdie missie van satan.

Die Bybel waarsku ons om nie "in die pad van kwaaddoeners gevang te word nie (Spreuke 4:14-15). Portuurdruk kan ons soms lei tot goddelose aksies of sonde. Ons kan byvoorbeeld in die versoeking kom om deel te neem aan aktiwiteite wat teen ons sedes gaan of ander onvriendelik behandel omdat ander van ons verwag of wil hê.

Matteus 6:34: "Moenie bekommerd wees oor môre nie, want môre sal oor homself bekommerd wees. Elke dag het genoeg probleme van sy eie." Filippense 4:6: "Moenie bekommerd wees oor enigiets, maar in alles, deur gebed en petisie, met danksegging, bied jou versoeke aan God."

HOOFSTUK 3

Ja, ons kry positiewe invloed en Peer-druk, is dit nie,
Ons kan 'n groot definisie van positiewe groepsdruk vind in Hebreërs 10:24: "En laat ons kyk hoe ons mekaar kan aanspoor tot liefde en goeie dade." Die Griekse woord wat vertaal word na "spur" in hierdie vers is paroxusmos, wat beteken "aanhitsing." Aanhits beteken "om tot aksie uit te lok." Daarbenewens bied paroxusmos …

Dit is baie belangrik vir ons as kinders van God om kalm te bly onder hierdie invloed, maar hoe gaan ons ons kalmte aan die werk sit.

Kan ons hierdie ding op ons eie beveg met die woord van God?

Ja, ons kan, deur te vermy.

Vermy Peer Pressure en Sin. "Moenie voet op die pad van die goddelose sit of in die pad van kwaaddoeners loop nie.

Genade, nie die mens nie. "Probeer ek nou die goedkeuring van mense, of van God, wen? Streng teen versoeking. Vind Ondersteunende Gemeenskap.

Efesiërs 5:11 sê "Het niks te doen met die vrugtelose dade van die duisternis nie, maar stel hulle eerder bloot." Ons word geroep om weg te draai van sonde en duisternis. Dit maak nie saak hoe aantreklik dit lyk of hoeveel ander wil hê ons moet deelneem nie.

HOOFSTUK 4

Jaloesie en afguns:

Nog 'n belangrike ding waarteen ons as mense in ons daaglikse lewe te kampe het. Hierdie wêreld wat ons leef is soms 'n baie goddelose wêreld en dit is beslis moeilik om iemand betroubaar en betroubaar te vind, maar weereens is dit nie van God nie. God laat hierdie dinge toe waaruit ons moet leer. Ek was ook eens 'n slagoffer, op die teiken hiervan, en mense het uit hul maniere gegaan om my af te bring, maar nie alles in hierdie wêreld is swart en wit nie, daar is 'n paar pragtige, helder kleure daar buite.

Mense is emosionele wesens wat deur God na Sy eie beeld geskep is. Dit is heeltemal normaal en gesond om elke nou en dan jaloers en afgunstig te voel, maar waar kom die gevoel vandaan. Albei is onaangename gevoelens wat moeilik is om te ervaar en te bestuur. Dit is moontlik om gelyktydig jaloesie en afguns te voel, maar het hierdie twee iets in gemeen?

HOOFSTUK 4

Terwyl baie mense glo dat jaloers beteken om iemand te vrees wat jy het sal neem, en afgunstig beteken om te begeer wat iemand anders het, toon historiese gebruik dat beide "covetous" beteken en uitruilbaar is wanneer jy beskryf dat iemand anders se besittings begeer word.

Jaloesie en afguns kan soms ontstaan uit onbewuste gedagtes en gevoelens, waarvan baie afkomstig is van jare en jare van evolusie. Sommige dinge wat gevoelens van afguns en jaloesie kan veroorsaak, is: oortuigings dat 'n ander persoon voordele of besittings het wat hulle wil hê.

Albei hierdie is die teenoorgestelde van liefde en probeer om 'n ander persoon se ongeluk te sien. Die hoofoorsake van jaloesie en afguns hou verband met 'n persoon se onvermoë om te sien wat God in hul lewe voorsien het en 'n gebrek aan dankbaarheid.

Aan sy wortel is jaloesie afgodery. Ons plaas ons bevrediging in iets wat nie God is nie, en ons sê hy is nie voldoende vir ons nie. As gevolg hiervan is die enigste regte reaksie om berou te hê, om te draai van die gif van ons afguns en na die troonkamer van genade te hardloop.

In byna elke geval ontstaan afguns wanneer ons ontevredenheid in ons eie lewens ervaar. Dit is wanneer ons so graag begeer en smag na sukses, konneksie of toegeneentheid van ander, en ons verstaan dit nie.

Nog 'n persoon se sukses laat jou ongelukkig voel. Jy voel die behoefte om iemand anders se sukses te verminder. Jy beoordeel ander negatief.

Jaloesie roep ons om ons eie lewe te besit en ons fokus op ons pad te hou. Jaloesie roep ons om so vol te voel dat dit natuurlik is om 'n ander te vier. Jaloesie kweek agterdog, twyfel en wantroue, wat in redelik intense emosies en gedrag kan sneeubal, sê hy. Ons kan bekommerd raak oor die vrees vir verraad. Ons kan begin om voortdurend na ons vriend of maat te kyk, probeer om "vang hulle." Ons kan besit word van daardie persoon.

Hoe kan ons hierdie geestelike aanval van satan oorkom?

Dank God vir die sukses van die persoon wat jy beny. Jesus het ons beveel om vir ons vyande te bid as een manier om goed aan hulle te doen.

Vra God vir die verdere sukses van die persoon wat jy beny. Geniet die geskenke wat God vir die persoon gegee het.

Jaloesie is 'n verterende afguns, 'n agterdogtige wraaksugtigheid en besitlikheid wat ons ervaar wanneer ons dink ons verhouding, ons status in die lewe, ons vriendskappe of ons besittings word bedreig. Dit is ook wat ons voel wanneer ons dink iemand gaan beter as ons vaar in een of ander wedywering.

Alhoewel jaloesie 'n emosie is wat algemeen ervaar word, word dit baie selde openlik erken of daaroor gepraat. Die persepsie bestaan eerder dat 'n persoon wat gevoelens van jaloesie sou ervaar, of in 'n sosiale konteks daarna sou verwys, oor een of ander swakheid of onsekerheid beskik.

Die jaloesie word beleef as 'n tipe ongemak; 'n negatiewe gewaarwording dat 'n belangrike verhouding deur 'n derde party bedreig word.

Die mees algemene gevalle waar jaloesie voorkom is in romantiese verhoudings. 'n Vorm van jaloesie wat oor die jare wye bekendheid verwerf het is die sogenaamde sibbe-

HOOFSTUK 4

jaloesie ("sibling rivalry"). Jaloesie kan egter ook onder vriende, werknemers met dieselfde baas, studente van die dieselfde onderwyser ensovoorts voorkom. Daar bestaan egter altyd 'n driehoeksverhouding by die belewenis van jaloesie.

Jaloesie kan byvoorbeeld voorkom wanneer:

'n werkskollega deur die werkgewer bevoordeel word

'n vriend/vriendin meer tyd met 'n ander persoon spandeer

'n broer/suster meer aandag of voorregte van die ouers kry

'n onderwyser of lektor meer aandag of hoër punte aan 'n klasmaat gee

'n huweliksmaat in 'n buite-egtelike verhouding betrokke is.

Jakobus 3:14-16
 "Maar as jy bittere jaloesie en selfsugtige ambisie in jou harte het, moenie spog en vals wees vir die waarheid nie. Dit is nie die wysheid wat van bo af kom nie, maar aards, ongeestelik, demonies is. Want waar jaloesie en selfsugtige ambisies bestaan, sal daar wanorde en elke gemene praktyk wees."

 1 Petrus 2:1-3. "Daarom, ontslae te raak van alle slegte wil en alle bedrog, voorgee, afguns, en laster. In plaas daarvan, soos 'n pasgebore baba, begeer die suiwer melk van die woord. Gevoed daardeur, sal jy tot redding groei, aangesien jy geproe het dat die Here goed is."

HOOFSTUK 5

Konflik en hoe om dit te bestuur:

Daarbenewens kan relasionele oorsake soos kommunikasie, vertroue, respek, emosies of waardes die konflik beïnvloed.

Daar is vyf hoofoorsake van konflikte, inligtingskonflikte, waardekonflikte, belangekonflikte, verhoudingskonflikte en strukturele konflikte. Inligtingskonflikte ontstaan wanneer mense verskillende of onvoldoende inligting het, of verskil oor watter data relevant is. Kommunikasie-afbreek, wankommunikasie en selfs verskillende style van kommunikasie kan lei tot die grootste ineenstortings in 'n organisasie. Daar is drie groot wortels van konflik, beperkte hulpbronne, onvervulde behoeftes en verskillende waardes

Een van die mees algemene tipes konflik is persoonlikheidsk onflik of interpersoonlike konflik. Hierdie konflik vind plaas wanneer twee of meer mense verskillende persoonlikhede het, wat lei tot verskille in kommunikasiestyle en werkvoorkeure.

HOOFSTUK 5

Ons kry wel baie soorte konflikte selfs in ons gemeenskappe, verskillende lewenstyl van mense wat aan ander sosiale groepe behoort, sosio-ekonomiese redes; onbillike toegang tot hulpbronne en sekere aktiwiteite; verskillende begrip onder individue van die gedragsreëls; teenstrydighede tussen die samelewing en regeringstrukture.

Konflik kan gebeur wanneer familielede verskillende sienings of oortuigings het wat bots. Soms kan konflik voorkom wanneer mense mekaar verkeerd verstaan en na die verkeerde gevolgtrekking spring. Kwessies van konflik wat nie vreedsaam opgelos word nie, kan lei tot argumente en wrok, satan is 'n skepsel van God, wat sy wese en wese van God het; hy is die vennoot van God in die drama van die geskiedenis van verlossing; en hy is die mededinger van God, wat veg teen God se plan van verlossing.

Nadat Jesus gedoop is, het hy veertig dae lank in die woestyn gereis en is deur die Duiwel versoek. Om klippe in brood te verander, voor Satan te buig en God op die proef te stel, was die drie versoekings waarmee die Bose gedink het hy kan Jesus oorwin.

Die doel van satan is om 'n korrupsie van die mensdom as boos te skep, sy oorkoming van kosmiese stryd om dit te bereik sou hom 'n epiese held maak as sy doel edel was. Ten spyte van sy trots weet hy dat hy nie God kan verslaan nie, maar hy begeer om 'n groot slag vir die Hemel toe te dien deur die mensdom te korrupteer.

En so sukkel ons daagliks fisies en geestelik.

Geestelike stryd verwys na konflikte oor geestelike sake met God, Hoër Mag, binne jouself en met ander mense. Hierdie konflikte genereer ontstellende emosies en vrae oor 'n mens se geestelike reis in die lewe.

As heerser oor die gevalle engele, en die wêreld wat ons in satan leef, gaan voort met die stryd teen die koninkryk van God deur te probeer om mense in sonde te verlei, deur God se plan vir redding te probeer ontwrig, en deur voor God te verskyn as 'n lasteraar en beskuldiger van heiliges, om sodoende die aantal wat vir die koninkryk van God gekies is, te verminder.

Wat sê God oor ons konflik in die lewe.

Dit word in die Skrif opgeteken

Bid oor die konflik wat jy het voordat jy dit met die ander persoon aanspreek. Gaan nederig in gebed in. Vra God om jou te wys waar jy verkeerd is. Vra vir wysheid om jou te help om die dele van die konflik wat jy besit te identifiseer, en werk aan daardie dinge voordat jy met die persoon praat. Die apostel Paulus het 'n paar dinge te sê gehad oor konflik. In sy brief aan Timoteus het hy 'n belangrike waarheid gedeel wat elke gelowige moet omhels: "Die Here se dienaar moet nie stry nie, maar moet sag wees vir almal, in staat wees om te onderrig en geduldig te wees, en sy teenstanders met sagmoedigheid te onderrig" 2 Timothy2 : 24–25

As jy enige konflik het met iemand wat nie in ons Here en Verlosser glo nie en hy/sy 'n ongelowige is, is die taak nie makliker nie, maar

Wees nederig en stem saam dat jy gaan doen wat die beste is, al beteken dit dat jy nie jou sin kry nie. Dit beteken nie dat jy aan die ander party toegee nie, maar die doel in konflik behoort nie te wees om persoonlik te wen nie, eerder om die beste oplossing vir almal te bereik. Jesus demonstreer ook die behoefte om soms "verbaal" weg te stap wanneer hy met 'n

HOOFSTUK 5

giftige persoon, soos Herodes, te doen kry. In plaas daarvan om met Herodes te stry en homself te probeer regverdig, het Jesus stilgebly: "Herodes" het hom met baie vrae gevra, maar Jesus het hom geen antwoord gegee nie" (Lukas 23:9)

Mense stem heeltyd nie saam oor prioriteite nie. Verskillende prioriteite kan tot konflik lei. "Laat elkeen van julle nie net na sy eie belange kyk nie, maar ook na die belange van ander"

Matteus 18, verse 15 en 16 gee lede opdrag om hul verskille privaat met mekaar te besleg. En as dit misluk, moet hulle hulp soek om die dispuut op te los. Verder as jou broer teen jou sondig, gaan vertel hom sy skuld tussen jou en hom alleen. As hy jou hoor, het jy jou broer gekry.

HOOFSTUK 6

Krisis en moeilike tye:

Elke dag van ons lewens sit ons hierdie tyd van rampe op. Krisis en moeilike tye het 'n algemene ramp in ons lewens geword.

Ek het altyd gewonder, maar hoekom ondervind ons as God se mense soveel probleme in krisis en moeilike tye waarom ons hier op aarde.

Ja infact ons moet die groot prentjie wat God vir ons lewens bepaal het, verstaan en sien. 2 Korintiërs 4:17-18 sê vir ons: "Want ons lig en kortstondige probleme bereik vir ons 'n ewige heerlikheid wat hulle almal ver oortref. So ons maak ons oë nie reg op wat gesien word nie, maar op wat ongesiens is, aangesien wat gesien word tydelik is, maar wat ongesiens is, is ewig." Dit is normaal om moeilike tye in jou lewe te hê. Moeilike tye kan ons blootgestel en onbeskerm laat voel. God bied ons sekuriteit wat nie van ons situasie afhanklik is nie.

God laat ons toe om elke dag, elke dag, te sukkel en te misluk

HOOFSTUK 6

om nederigheid en besef te bring wat ons nodig het in ons lewens. Soms is dit moeilik om te sien en te verstaan waarom 'n liefdevolle God ons toelaat om te sukkel en swaarkry te ervaar, maar dit is as gevolg van Sy liefde vir ons en Sy begeerte om ons nader aan Hom te bring, laat hy dit toe.

Ek weet dat dit soms net voel dat dit nie reg is om op sommige maniere behandel te word nie, maar

ons as Christene moet genoeg toerus om teen ons krisis en moeilike tye te veg.

Ons moet gebede vind vir die hart en in die Skrif en dit namens jou bid. Bid sal jou geloof bou en jou help om jou oë op die Here gefokus te hou, selfs in tye van krisis. Meditasie is kragtig, veral vir die Christen. Meditasie is nie 'n grillige skoonmaak van jou gedagtes nie. Vir iemand wat deur 'n moeilike tyd gaan, is een van die nuttigste dinge wat jy kan doen, luister. As jy vermoed dat iemand wat jy ken, moeilike kwessies hanteer: nader hulle en laat hulle weet jy is daar. vind 'n geskikte tyd en plek om met hulle te praat.

Is daar in elk geval dat ons krisis en dificult tye in ons lewe kan oorkom en is daar enige hulp of raad van bo, van God? Ja, versekerde. Ons moet tyd spandeer om jou gevoelens te verstaan. Jou liggaam en verstand sal dit waardeer. Probeer om nie met negatiwiteit weggevoer te word nie, oorweeg of die situasie regtig so katastrofies is. Soek 'n metode wat jou toelaat om die situasie af te speel, sal jy sien hoe teëspoed minder intensief is. Weereens,

Gebede en voorbidding is te alle tye noodsaaklik, veral tye van krisis. God reageer op die gebede van die nederige en die gelowiges. Daarom, belê in gebed, bestudeer oor gebed en bid, memoriseer gebedsverse en lees boeke oor gebede. Gebed het die mag om 'n verskil te maak.

JOHANNES 14:1 "Moenie toelaat dat jou harte ontsteld word nie. Vertrou op God en vertrou ook op my. " HEBREËRS 2:18 | Aangesien hy self deur lyding en toetsing gegaan het, kan hy ons help wanneer ons getoets word. PHILIPPENSE 2:4 | Kyk nie net uit vir jou eie belange nie, maar stel ook belang in ander.

Uitdagings lei dikwels tot mislukkings, maar dit is deur hierdie mislukkings wat ons leer en groei. Om mislukking te omhels is dus nie 'n teken van swakheid nie, maar 'n bewys van 'n mens se krag en vasberadenheid.

HOOFSTUK 7

L osbandigheid

Losbandigheid beteken eenvoudig mal partytjies en wilde nagte, gewoonlik vergesel van baie alkohol. So jy wil waarskynlik nie die aand voor 'n eksamen aan enige soort losbandigheid deelneem nie. Losbandigheid gaan alles daaroor om te smul aan sommige van die lewe se plesier wat in werklikheid te veel geniet.

Die Bybel beskryf losbandigheid as uiterste toegewing aan liggaamlike plesier en veral seksuele plesier, gedrag wat seks, dwelms, alkohol, ens. behels wat dikwels as immoreel beskou word.

Dit is bekend in vandag se lewens, in ons eie huise, ons gemeenskappe, rondom ons, wanneer ons op die televisie sit, maak die koerante oop.

Ons het ook kinders van ons eie wat van tyd tot tyd deel neem van hierdie mal invloed. Trouens, dit is 'n outydse mode, met 'n nuwe gesig.

Die dade van die sondige natuur is voor die hand liggend: seksuele onsedelikheid, onreinheid en losbandigheid; afgodery en heksery; haat, onenigheid, jaloesie, woedebuie, selfsugtige ambisie, onenigheid, faksies en afguns; dronkenskap, orgies, en dies meer.

In die samelewing, selfs ons eie huise of gesinne kan ons van hierdie daad vind,

en as 'n Christen moet 'n mens homself afvra,

Waar het ons verkeerd gegaan om in situasies soos hierdie te beland.

Ek was ook eens onder hierdie slegte toestand en invloed, maar ek het genade gevind deur Jesus Christus.

As jou lewe gekenmerk is deur losbandigheid, is jy nie buite God se vergifnis nie. As jy wegdraai van jou lewenstyl van sonde en Jesus Christus alleen vertrou om jou van daardie straf te red, kan jy skoon gewas word.

Efesiërs 5:18-20 "En moenie dronk word van wyn nie, want dit is losbandigheid, maar word vervul met die Gees, wat mekaar toespreek in psalms en gesange en geestelike liedere, sing en melodie aan die Here maak met jou hart, en dank altyd en vir alles aan God die Vader in die naam van onse Here Jesus Christus."

So sê die woord van God, en God het ons gewaarsku teen hierdie uitdaging in die lewe.

Ons het wel hierdie probleem selfs met ons jeug van die dag, ons as volwassenes, volwasse kinders van God en Christene

HOOFSTUK 7

moet as goeie voorbeelde vir ons jeug leef.

Laat ons in Romeine 13:1313 ordentlik optree, soos in die dag, nie in die karring en dronkenskap nie, nie in seksuele onsedelikheid en losbandigheid nie, nie in verdeeldheid en jaloesie nie.

Ons moet regtig 'n lewe lei waar ons jeug kan opkyk.

As jy op die regte pad is, sal 'n goeie gewete in vrede wees (Kolossense 3:15). Maar wanneer jy na die verkeerde pad versoek word, sal 'n goeie gewete alarm maak. Die probleem met die gewete is dat dit, soos elke ander deel van jou siel, deur sonde versteur is.

Jong mense is op soek na hul eie rolmodelle, maar dit is belangrik dat jongmense hulself begin opbou as iemand wat die moeite werd is om deur ander te bewonder.

As ek die jeug vandag moes aanmoedig, om weg te bly van enige vorm van losbandigheid, as wat my aanmoediging vir hulle sal wees om 'n goeie lewe te begin en te bou wat ander dalk wil hê dat jou lewe soos jy moet wees, wees 'n voorbeeld vir 'n ander jeug in 'n goeie manier, en bly weg as 'n Christelike kind van die leuens van losbandigheid.

In 1 Timoteus 4:12 word opgeteken, "Moenie dat iemand op julle neerkyk omdat julle jonk is nie, maar stel 'n voorbeeld vir die gelowiges in spraak, in gedrag, in liefde, in geloof en in reinheid. " Selfs as jy jonk is, kennis dra van wat God jou sou laat doen, gee jou verantwoordelikheid wat ander jongmense nie het nie.

Ek het gevind dat jy as 'n jongeling, selfs as 'n volwassene het die. Vermoë om jouself te verander, maar ook die wêreld waarin jy is.

Petrus verduidelik egter dat diegene wat hulle aan losbandigheid oorgee, rekenskap voor God sal gee (1 Petrus 4:4-5). Die apostel Paulus herinner sy lesers daaraan dat die toorn van God kom teen diegene wat losbandige lewens leef.

Dit is vir ons as gelowiges duidelik om weg te bly van hierdie losbandige gees, sodat ons genade deur God kan vind.

God het uitgespreek dat die straf van sonde geestelike dood en skeiding van God is in 'n plek van oordeel genaamd hel: "Vir die loon van sonde is die dood"

Jesus het duidelik geleer dat sondaars in sonde veroordeel is en dat hulle sou vergaan en hel toe sou gaan as hulle nie in Hom glo as hulle Verlosser nie, Johannes 3:16-18.

HOOFSTUK 8

Onsekerheid:

Dit is een van die mees algemene dinge, ons as mens, God se skepping ly aan. Onsekerheid is die een ding wat ons op ons alledaagse lewe kan uitmekaar ruk.

Onsekerheid is 'n gevoel om nie goed genoeg en onsekerheid te wees nie. Dit veroorsaak angs oor jou doelwitte, verhoudings en vermoë om sekere situasies te hanteer. Almal hanteer onsekerheid van tyd tot tyd.

Ek het eenkeer so gevoel dat ek op baie verskillende maniere nooit goed genoeg was nie.

Alhoewel ek my bes probeer doen het, het ek op een of ander manier gevoel dat my beste nie goed genoeg was om by sommige plekke of mense in te pas nie. Onsekerheid kan in sommige negatiewe selfspraak en selfkritiek dryf, maar dit kan ook manifesteer as dinge soos jaloesie, clinginess, goedkeuringsoekende gedrag, vermyding, spog, mededingendheid, skuldgevoelens, afknouery en aggressie teenoor ander.

Een van die hoof tekens van onsekerheid is onvoldoende, of dat u nie goed genoeg is nie, dit kan voortspruit uit negatiewe ervarings soos kinderverwaarlosing, afknouery, kritiese vennote of selfs die samelewing.

Ons vind onsekerheid in verskillende situasies, een algemene situasie is verhoudingsonsekerheid, maak nie saak wat die soort verhouding is nie, maar

verhoudingsonsekerheid beteken dat jy onseker en onfeilbaar is oor jou verhouding. Dit is 'n diep oortuiging dat jy net nie goed genoeg is vir jou maat nie, dat jy nie liefde verdien nie of een van baie ander beperkende oortuigings wat veroorsaak dat jy angstig voel. Jy mag dalk jou eie waarde betwyfel en 'n lae gevoel van eiewaarde hê.

Die verloop van onsekerheid moet van iewers af kom en 'n algemene en groot oorsaak vir 'n persoon om geleidelik onseker te raak, is sy/haar deel van slegte ervarings. Hulle kan wees rondom gebroke vertroue, bedrog, versteurde kinderjare, traumatiserende episodes op skool, voel dat hulle nie genoeg liefgehad word nie, onkunde, ens. 'n Soort vrees tree in, maak nie saak hoe sterk jy jouself probeer projekteer nie.

Ek glo beslis daar is 'n manier om al hierdie gemors van onsekerheid te plaas.

In Filippense 4:6-7 verklaar die Skrif weer,

"Moenie bekommerd wees oor enigiets nie, maar in alles deur gebed en smeking met danksegging laat jou versoeke aan God bekend gemaak word. En die vrede van God, wat alle verstand te bowe gaan, sal jou harte en jou gedagtes in Christus Jesus bewaar."

HOOFSTUK 8

Wat ons moet verstaan, is dat onsekerheid iets is wat gevoed kan word en op een of ander manier begin groei.

Neem altyd hierdie deel ernstig op, dit is belangrik vir ons om altyd terug te kyk na iets wat ons pla.

Soms is die antwoorde waarna ons soek nie reg voor ons nie, bietjie dit verberg homself, iewers in die verlede.

Kyk na die soort kinderjare wat jy, of die persoon gehad het, verlede traumas, onlangse ervarings van mislukking of verwerping, eensaamheid, sosiale angs, negatiewe oortuigings oor jouself, perfeksionisme, of om 'n kritiese ouer of vennoot te hê, kan almal bydra tot onsekerheid.

Oordink kan voorkom wanneer mense onseker voel, lae selfbeeld beveg en probleme ondervind om negatiewe interaksies te laat vaar.

Vir baie van ons is die oorsaak van ons onsekerheid nie bloot lae selfbeeld nie, maar 'n misplaaste fokus op self. Ons het die middelpunt van die evangelie vergeet, wat al die krag daaruit geneem het. Ons geloof het klein en swak geword, want dit gaan nie oor God nie, maar oor ons. Daar is 'n einde aan onsekerheid en al die vleeslike strewe wat dit veroorsaak. Dit eindig in Jesus. Kom ons bring al ons onsekerhede na hom toe en neem in ruil daarvoor sy ligte las van genade (Matteus 11:29–30). As ons hoop om by die wortel van onveiligheid uit te kom— wat veroorsaak kan word deur ons eiewaarde en identiteit aan die dinge van hierdie wêreld te heg, moet ons eers die waarheid oor ons identiteit as kind van God ken. Op dié manier kan ons eiewaarde in waarheid gegrond word eerder as in die vyand se leuens. Verhouding, sosiale, liggaamsbeeld, loopbaan- en basiese vereistesonsekerheid is van die mees algemene vorme van onsekerheid.

Hulp en Advies Van Bo

Almal hanteer onsekerheid van tyd tot tyd. Dit kan in alle areas van die lewe voorkom en uit 'n verskeidenheid oorsake kom. Dit kan spruit uit 'n traumatiese gebeurtenis, patrone van vorige ervaring, sosiale kondisionering (leerreëls deur ander waar te neem), of plaaslike omgewings soos skool, werk of huis. Kan ons hierdie swakheid omskep in 'n kragtige strategie om dit eens en vir altyd en op 'n positiewe manier te oorkom? "Ja" kan ons.

Woorde is kragtig om die manier waarop jy dink, te raam. As jy byvoeglike naamwoorde met positiewe konnotasies gebruik vir elke negatiewe eienskap waaraan jy kan dink, sal jy geleidelik jou onsekerhede kan omhels en liefhê eerder as om hulle te bemagtig om jou af te sleep. Om weer onsekerheid te oorkom en jou selfbeeld op te bou, gebeur nie oornag nie. Probeer om vriendelik met jouself te wees tydens hierdie proses en word nie moedeloos as dinge nie so vinnig verbeter as wat jy dit ook wil hê nie.

Ons weet dat onsekerheid nooit God se wil vir Sy kinders was nie. Wanneer ons onseker is, beteken dit dat ons te veel gesag en klem op ons voorkoms, ons finansiële status, ons opvoeding en selfs onsself in die algemeen geplaas het.

Gideon se nederige situasie wat hom in sy eie oë gediskwalifiseer het, was een van die redes waarom God hom gekies het. Die Here het Gideon 'n magtige held met krag genoem, al was hy onseker en bang.

Bid vir die vermoë om jouself te sien soos God jou sien. Vra God om jou te help om jouself vanuit Sy perspektief te sien sodat jy 'n gevoel van veiligheid kan ontwikkel wat nie geskud kan word nie. Bid dat God deur jou sal doen wat jy nie vir jouself kan doen nie. Maar wanneer ons self in die agtergrond laat vervaag en

HOOFSTUK 8

verteer word met Jesus Christus, sal ons onsekerhede wegsmelt. Ons kyk nie meer na onsself—our eie meriete, talent, skoonheid of uniekheid— om vertroue te vind nie. In plaas daarvan leer ons om ons vertroue te vind in wie Hy is eerder as in wie ons is. In Romeine 8:28

En ons weet dat vir diegene wat God liefhet, alle dinge ten goede saamwerk, vir diegene wat geroep word volgens sy doel.

God roep jou om die persoon te word wat Hy jou geskep het om te wees, en om die dinge te doen wat Hy jou ontwerp het om te doen. Hy sal met jou saamwerk terwyl jy biddend vorentoe beweeg. Hierdie proses is 'n geestelike reis waarin jy nuwe dinge oor jouself en oor jou verhouding met die Here sal leer!

Die doel van God se roeping.

Om ons van ons sondes te verlos. Om ander te bedien. Om geseënd te wees en ander te seën. Om deel te neem aan sy heerlikheid.

Jou lewe se roeping is wat jou laat voel dat die lewe betekenisvol is. Dit help jou om 'n doelgerigte lewe te lei. Oproepe lyk anders vir almal. Sommige mense wil byvoorbeeld ander help as deel van hul roeping.

As jy van jou Godgegewe doel wil leer, is 'n wonderlike plek om te begin om jou Bybel te lees. Bid vir rigting: Gebed is nog 'n goeie manier waarop ons ons Godgegewe doel kan ontdek en vervul. Die Bybel sê vir ons om God te vra vir wat ons nodig het, so wanneer jy rigting nodig het, vra God daarvoor in gebed.

My persoonlike aanmoediging aan jou vandag en die hulp en raad wat ek jou kan gee vir 'n sinvolle lewe kom van bo af. As jy doelloos voel, vra God om jou wysheid en leiding te gee. Jakobus 1:5 sê "As een van julle nie wysheid het nie, laat hom God vra, wat vrygewig aan almal gee sonder smaad, en dit sal aan hom gegee word." Dit is ongelooflike goeie nuus. God wil jou 'n doel gee.

Hy gee definitief mildelik aan ALLE, nie net seker nie, maar ALLE sonder verwyt.

Hoe kan ek God se doel in my lewe bereik?

7 Stappe om jou God te vind Gegewe Doel in die Lewe

Draai na die Bybel.

Bid vir regie.

Volg Die Wil Van God.

Beloftes van God.

Leef 'n Doel Gedrewe Lewe.

Hoe om God se doel in jou lewe toe te pas.

Dit is 'n Persoonlike uitdaging.

HOOFSTUK 9

Pyn, lyding en siekte :

Dinge wat lyding en pyn veroorsaak, soos moedeloosheid, depressie, ongesonde en verkeerde maniere wat deur mense opgeneem word om hul gewenste doelwitte te bereik. Gebed wat ons kan hou, skryf in

PSALMS 6
   Gebed van Geloof in Tyd van Nood

Aan die hoofmusikant. Met snaarinstrumente.Op 'n agtsnarige harp. Die Psalm van Dawid.
   1O Here, bestraf my nie in u toorn nie
   Moet my ook nie tugtig in U warm misnoeë nie.
   2Wees my genadig, o Here, want ek is swak;
   O Here, genees my, want my bene is ontsteld.
   3My siel is ook baie ontsteld;
   Maar jy, O Lord—hoe lank?

4Eer my, o Here, verlos my!
O, red my vir jou mercies' sake!
5Want in die dood is daar geen herinnering aan U nie;
In die graf wat U sal dank?
6Ek is moeg met my gekerm;
Die hele nag laat ek my bed swem;
Ek deurdrenk my rusbank met my trane.
7My oog mors weg weens droefheid;
Dit word oud as gevolg van al my vyande.
8Vertrek van my af, al julle werkers van ongeregtigheid;
Want die Here het die stem van my geween gehoor.
9Die Here het my smeking gehoor;
Die Here sal my gebed ontvang.
10Laat al my vyande beskaamd staan en baie ontsteld word;
Laat hulle terugdraai en skielik skaam wees.

Maar wat is die verloop van hierdie staat wat ons elke dag in die gesig staar, die nood wat ons pla. Lyding, of pyn in 'n breë sin, kan 'n ervaring van onaangenaamheid of afkeer wees, wat moontlik geassosieer word met die persepsie van skade of bedreiging van skade by 'n individu. Lyding is die basiese element wat die negatiewe valensie van affektiewe verskynsels uitmaak. Die teenoorgestelde van lyding is plesier of geluk, lyding is pyn, siekte, gestremdheid, honger, armoede en dood. Voorbeelde van geestelike lyding is hartseer, haat, frustrasie, hartseer, skuld, vernedering, angs, eensaamheid en selfbejammering.

Dit kan jou vermoë om tuis en werk te funksioneer, beïnvloed. Jy kan dit moeilik vind om deel te neem aan sosiale aktiwiteite en stokperdjies, wat kan lei tot verminderde selfbeeld. Dit is ook algemeen dat mense met chroniese pyn slaapstoor-

HOOFSTUK 9

nisse, moegheid, probleme om te konsentreer, verminderde eetlus en gemoedsveranderinge het. Gevoelens en emosies is verbygaande— selfs die donkerste en pynlikste dae duur nie vir ewig nie. Maar wanneer jy in die kele van hartseer en trauma is, kan dit moeilik wees om te dink dat daar beter dae in jou toekoms is. Hoe om te hanteer wanneer emosionele pyn te veel is. As jy voel die lewe is op die oomblik pynlik, is dit hoogs raadsaam dat jy uitreik na 'n geestesgesondheidswerker, of 'n krisislyn en soortgelyke hulpbronne kontak.

Die Bybel sê vir ons dat wanneer ons oorweldig of kreupel voel deur ons emosies, God altyd daar is om ons te help. Hy wil ons vreugdes herstel en genesing in ons harte bring. Een van die beste Bybelverse oor emosionele pyn word gevind in Johannes 16:33, wat sê "In hierdie wêreld sal jy probleme hê. Maar neem ter harte!

Dit bestaan sodat ons sal erken dat daar 'n probleem is, wat ons in staat stel om die oorsaak aan te spreek en reg te stel. Emosionele, geestelike en geestelike pyn bestaan vir presies dieselfde doel. God se doel is altyd om ons te help om 'n lewe wat vervul is, te besef. Hy wil hê ons moet die beste wees wat ons kan wees. Daar is iets daaraan om God se Woord te lees en te glo wat 'n impak het op hoe ons voel wanneer ons deur moeilike tye gaan. Jou emosies kan deur die Woord van God verander word. God kan emosioneel genesing uit Sy Woord bring. Gebed – Ook, gebed help en genees ons emosioneel.

Psalm 18:6

"In my nood het ek die Here aangeroep; vir my God het ek om hulp geroep. Uit sy tempel het hy my stem gehoor, en my geroep na hom het sy ore bereik." Die Goeie Nuus: God hoor altyd jou geroep en sal jou nooit verlaat nie. Die Here sê: "'Dit is myne om te wreek; ek sal terugbetaal'" (Romeine 12:19 NIV). Hy wil hê ons moet Hom vertrou om dinge reg te stel en selfs die telling. Wanneer ons ons woede oorgee, kan ons steeds seergemaak voel, maar daardie seer sal homself nie uitdruk in aktiewe of passiewe vergelding nie.

As ons op een of ander manier na God draai in ons pyn, kan Hy ons lyding gebruik om ons geloof te volwasse. Ons sien hierdie Bybelse waarheid wat deur die vervolgde kerk geïllustreer word. Nadat hulle hul getuienisse gehoor het, sou min ontken dat lyding skoonheid en volwassenheid van gees voortbring. Lyding pas ons in God se beeld.

Daagliks ly ons aan fisiese pyn en pyne,

Om watter rede ook al, God neem nie hierdie pyn of chroniese siekte weg nie. Christene sien hierdie werklikheid weerklink in die verhaal van die apostel Paulus, wat skryf oor 'n "doring in die vlees" (2 Korintiërs 12:7-9). Wat ook al hierdie geheimsinnige toestand vir Paulus was, sy gebede vir genesing het nie die antwoord gegee wat Paulus wou hê nie.

Maar om werklik pyn en hartseer te aanvaar, sluit ons gewilligheid in. N houding van aanvaarding sê, "Ek vertrou God, wetende dat Hy my liefhet en gee net wat die beste vir my is." Aanvaarding beteken nie dat ons nie bid vir genesing of vir verligting van fisiese probleme nie. As God iets so verskriklik soos chroniese pyn in ons lewens toelaat, moet Hy sien dat die uitbetaling sy pyn werd gaan wees, aangesien dit tot in ons kern sny, een van God se skerpste gereedskap is om Sy goeie, aangename en perfekte plan te bereik.

Nog 'n kragtige wapen wat ons as gelowiges in Jesus het, is ons aanbidding. Wanneer ons kies om die Here in ons pyn te aanbid – wanneer ons kies om vir God te sing, om God te dank, om

HOOFSTUK 9

op ons knieë te gaan en te aanbid wanneer ons nie so voel nie - wys ons dat ons eer wie Hy is, nie net wat Hy ons kan gee nie. Is ons pyn en lyding iets te doen met die vyand van God, satan? Wat ek weet, is dat sommige lyding te wyte is aan ons sondige en verkeerde keuses, maar sommige is bloot te wyte aan die wêreld wat geval het. Hierdie aspek van lyding moet ons dryf om te verlang na 'n beter wêreld, 'n wêreld wat verlos en bevry is van sonde, 'n wêreld wat God eendag weer sal vestig (Romeine 8:19-23).

Ons kan verseker van wat God aan ons pyn en lyding kan doen, in Psalm 147:3 sê dit "Hy genees gebroke harte en bind hul wonde op". Hierdie pragtige herinnering herinner ons daaraan dat God in staat is om gebreekte stukke saam te herstel sodat hulle weer heel word, selfs nadat hulle deur emosionele pyn verpletter is. Herinner dit,

Jesus het gesê: Sy mense sal in Sy voetspore volg, en dit sal lyding en pyn insluit, Hy het vir ons 'n voorbeeld van hoe om te ly (1 Petrus 2:19-21). Hy het gesê Sy volgelinge sal geseën word wanneer hulle getrou lyding verduur het ter wille van Sy Naam.

Watter soort situasie jy ook al nou deurmaak, jy kan begin deur in geloof te bid, "God, ek weet jy het die krag om dit te verander." Vra God vir sy hulp. Dit is gepas om te sê: "God, ek vra jou hulp. Ek het nou baie pyn, en ek het 'n bietjie verligting nodig.

Ons moet dit deur ons geloof na God toe neem. Ons kan dit regkry deur te glo en Hom te herinner aan Sy beloftes aan ons. Sy Woord sê aan ons in Jesaja 41:10 Moenie bang wees nie, want Ek is met julle.

Moenie moedeloos word nie, want Ek is jou God. Ek sal jou

versterk en jou help. Ek sal jou vashou met my seëvierende regterhand.

Beginsels om saam met God te wandel deur moeilike dae:

Om jou pyn vir God te bring, moenie van hom weghardloop nie. ..

Vul jou lewe met God se Woord en God se mense. ...

Moenie gevul word met bekommernis, oorloop van aanbidding nie. ...

Glo dat God jou hartseer in groot vreugde sal verander.

Spreuke 3:6 verkondig,
"In alles wat jy doen, stel God eerste, en hy sal jou lei en jou pogings met sukses kroon," en 2 Korintiërs 5:21 voeg by, "God het hom wat geen sonde gehad het om vir ons sonde te wees nie, sodat ons in Hom die geregtigheid van God kan word." Wanneer ons God eerste stel, leef ons ons lewens met die doel van God.

HOOFSTUK 10

Ontbindings,
Teleurstellings:

In die lewe kom ons baie uiteenlopende dinge teë.
Nie lekker om teleurgesteld te wees nie.

Teleurstelling is een so 'n uitloper, 'n komplekse emosie wat uit hartseer spruit. Dit is wat ons voel wanneer ons verwagtinge vir die gewenste uitkoms verbreek word. Ons erken almal onmiddellik die gevoel om in die steek gelaat te word en die woede wat ons kan voel wanneer iets wat ons gedink het ons verdien nie gebeur het nie. Die wortel van hartseer is, jy raai dit, hartseer. Daar is geen tydlyn vir hartseer nie. Dikwels, wanneer ons dit hoor, kan ons aan die langtermyn dink. Teleurstelling spruit uit gedagtes en verwagtinge wat nie in lyn is met die werklikheid nie. Jou verwagtinge en hoop vir ander is dalk te hoog vir die situasie op hande. Selfs as jy dink dat jou verwagtinge gepas en realisties is, is dit dalk glad nie realisties nie.

Dit het algemeen geword en dit het die werklikheid geword in vandag se daaglikse lewe, maar my aanmoediging vir jou is, moenie toelaat dat teleurstelling jou geloof in die goedheid van God skud nie. "Moenie jou selfvertroue weggooi nie, wat 'n groot beloning het" (Hebreërs 10:35). Wanneer teleurstelling toeslaan, hou styf vas aan jou geloof. Sê: "Ek is steeds vol vertroue.

Ja, jy is inderdaad, Kom na Jesus Christus met jou teleurstelling en vertrou Hom om jou te ontmoet en jou hart te verander (Psalm 40:1–3).

Onthou dit: Mense wat teleurgestel is, loop 'n groter risiko vir fisiese of emosionele probleme, of albei. Sulke individue blyk 'n groter frekwensie van hoofpyne, gastro-intestinale probleme, klam palms en oor-perspirasie te hê as dié wat laag op hierdie skaal behaal.

Teleurstelling het 'n manier om die persoon wat geraak word angstig te laat voel, asof in 'n konstante toestand van onrus. Dit is nie bevorderlik vir emosionele welstand nie. Sommige dae kan 'n bietjie makliker wees as ander, maar dit is baie belangrik om te leer om dinge te identifiseer wat jou gelukkig en in vrede laat voel en om hulle te omhels.

Ons moet ons ontbinding op die regte manier hanteer, Teleurstelling het 'n manier om die persoon wat geraak word angstig te laat voel, asof in 'n konstante toestand van onrus. Dit is nie bevorderlik vir emosionele welstand nie. Sommige dae kan 'n bietjie makliker wees as ander, maar dit is baie belangrik om te leer om dinge te identifiseer wat jou gelukkig en in vrede laat voel en om hulle te omhels.

Op een of ander manier moet ons enige ontbinding in ons

HOOFSTUK 10

lewens oorkom, daarom is dit baie belangrik om positiewe geleenthede en positiewe mense te kies wat jou gevoelens bevestig en jou bydraes en harde werk erken. Jy kan baat vind by die omring van jouself met mense wat kan help om jou pogings te bevestig. Spandeer tyd met mense wat 'n positiewe ingesteldheid aanmoedig, sodat jy daarop fokus om op jou sterk punte te bou. Die betekenis wat jy aan teleurstelling gee, beïnvloed hoe jy daaroor voel. As u weier om die teleurstelling te globaliseer of te personaliseer, kan dit u help om te herstel. Teleurstelling is nie inherent sleg nie. Geleentheid en groei kan uit teleurstellende situasies kom.

Ek glo dat wat ooit in daardie onsamehangende gaan en ons daaglikse lewens beïnvloed nie soos ewig of permanent is nie, maar dit is in die woord van God geskryf dat my gedagtes nie jou gedagtes is nie, en ook nie jou weë is nie," verklaar die Here. en my gedagtes as jou gedagtes." Alhoewel dit nie altyd vir ons sin maak nie, kan ons rus in die feit dat God 'n plan vir ons teleurstelling het.

Wees tevrede met wat jy het; want hy het gesê: 'Ek sal jou nooit in die steek laat of jou verlaat nie'" (Hebreërs 13:5). Die woord "incontentment" is afgelei van twee Latynse woorde, con en tenere, wat beteken "om bymekaar te hou." Wanneer jy geloof in God het, sal jou verstand "so doeltreffend bymekaar hou" dat jy van teleurstelling kan herstel.

Self-blaam:

Dit is die laaste onderwerp wat ek met jou wil bespreek. Self blaam het oor die jare 'n baie algemene lewenstyl in ons as Christelike lewe geword. Skuld gevoelens, glo ek speel ń groot rol in self-blaam.

Ons kon so diep getraumatiseerd gewees het dat ons geleer

het om onsself te devalueer en onsself te blameer vir ons eie trauma. Ons het dalk geestelike, emosionele of fisiese mishandeling ervaar wat ons geïnterpreteer het as ons skuld, as bewys van ons skaamte. Selfverwyt is 'n algemene reaksie op stresvolle gebeure en het sekere uitwerking op hoe individue aanpas. Tipes self blaam word veronderstel om by te dra tot depressie, en selfblameer is 'n komponent van selfgerigte emosies soos skuld. 'n Oorweldigende hoeveelheid mense ervaar gereeld ligte of komplekse traumasimptome uit die omgewing wat hulle in hul vormingsjare gehad het. simptome sluit in hartseer, wanhoop, eensaamheid, uitputting, hopeloosheid, skaamte en selfs selfblaam. Enigiemand wat depressie ervaar, kan jou waarskynlik vertel dat die skuldgevoelens besonder oorweldigend kan wees.

skuld?

2 Korinthiërs 5:21 sê, Hy het hom ter wille van ons sonde gemaak wat geen sonde geken het nie, sodat ons in Hom die geregtigheid van God kan word. Wanneer jy probeer om jouself te straf of versoening te doen vir jou eie sondes met selfveroordeling, verminder jy net Christus se versoening in jou eie oë.

Selfveroordeling is nie in staat om 'n vorige sonde en ons angs oor iets wat ons lank gelede gedoen het, te laat gaan nie—miskien in die onlangse verlede of die lang gelede verlede. Of dit kan beteken dat dit gevorm word deur sondes wat deur ander mense teen ons gepleeg is. Selfveroordeling blameer jouself nadat jy versuim het om te doen of iets te wees wat jy weet jy moet doen of wees. In plaas daarvan om op oortuiging te reageer deur te bely, berou te hê en deur God se

HOOFSTUK 10

genade bemagtig te word, kies selfbeskuldigdes om op hulself veroordeling op te wek. Selfveroordeling maak jou na binne gefokus. Die oorsprong van selfverwyt

Wanneer kinders trauma ervaar, hetsy uiters soos seksuele en fisiese mishandeling of lig soos 'n gebrek aan aandag, word hulle dikwels nie toegelaat om te voel hoe hulle voel nie, wat seergemaak, kwaad, woedend, verraai, verlaat, verwerp word, ensovoorts. Niemand word gebore om te dink dat alles al hulle skuld is nie. Dit is iets wat ons op een of ander manier leer uit die ervarings wat ons het, of besluit om te glo as gevolg van die manier waarop daardie ervarings ons laat voel. Dikwels kom 'n gewoonte van self-blameer uit 'n kinderjare trauma.

As ons in 'n posisie is waar ons versoek word om onsself te blameer of dom te voel oor 'n fout, kan ons bid en God, goddelike Liefde, ons wys dat ons ware natuur geestelik en intelligent is. Hierdie begrip verskaf nederigheid, inspirasie en krag om ons te help om foute reg te stel en 'n bevredigende oplossing te vind.

Hoe om Self-Blaam te stop in jou lewe,
En Begin Vergewe Jouself.

Neem verantwoordelikheid, moenie skuld gee nie. Wanneer jy verantwoordelikheid vir jou dade neem, aanvaar jy dat jy 'n fout gemaak het. ...

Lief vir jouself. ...

Hulp en Advies Van Bo

Soek hulp. ...

Help ander. ..

Moenie krities wees nie.

Vergewe vrylik. ...

Die doeltreffendste maniere om jouself van skuld te ontslae te raak, is die volgende:

Bely tot 'n gesagsfiguur en vra vir hul vergifnis.

Voer 'n daad van versoening uit.

Bid vir goddelike vergifnis.

Voer 'n ritueel van berou en paai uit.

HOOFSTUK 11

Verwarring:

Dit is die een onderwerp waarmee ons dikwels sukkel oral waar ons selfs in ons huishoudings gaan, ons raak soms verward oor dinge. Ons verstaan glad nie, ja verskillende vrae kom by die verstand op en die verstand soek antwoorde.

Ons verstaan dit glad nie.

Ek was baie keer verward in my lewe, maar waar kom hierdie ding van verwarring vandaan?

Verwarring is niks anders as 'n bedryfsgees wat reis waarheen hy ook al wil gaan nie.

Die gees van verwarring is 'n wapen van die vyand. Hy ontketen demoniese aktiwiteit deur geestelike, emosionele of fisiese verwarring om ons gedagtes te manipuleer en aan te rand. Verwarring, uit sy Latynse wortel beteken "om saam te gooi." Hierdie gevoel om "saam te wees" laat baie van ons oorweldig voel. Daar is 'n aantal faktore wat verwarring kan veroorsaak, van ernstige gesondheidsprobleme tot vitamien tekorte.

Alkoholvergiftiging is 'n algemene oorsaak van verwarring. Die oorsake van verwarring.

Bose geestelike kragte kan probeer om verwarring te veroorsaak. Verwarring kan ook veroorsaak word deur sonde in jou lewe, deur na die mens te kyk in plaas van God, deur gebrek aan kennis van die waarheid van God se Woord, en 'n onvermoë om God se stem te hoor en Sy wil te ken.

Verwarring kan veroorsaak dat mense gedisoriënteerd voel of sukkel om aandag te gee en is dikwels die gevolg van stres, angs of moegheid. 'n Toestand van verwarring kan ook veroorsaak word deur sekere mediese toestande, soos ernstige infeksies, 'n beroerte, Alzheimer se siekte of demensie. Verwarring verdeel, skei en vernietig God se Waarheid van jou. As daar geen vrede in jou lewe is nie, is dit nie van God nie. Die Heilige Gees help ons om God se Waarheid te glo oor die leuens en verwarring van hierdie wêreld. Want God is nie die skrywer van verwarring nie, maar van vrede, soos in al die kerke.

As iemand rondom jou skielike verwarring ervaar, is dit belangrik om kalm te bly, die situasie te assesseer en hulp te ontbied indien nodig. Vir veiligheid moet 'n verwarde persoon nie alleen gelaat word nie. 11 Om iemand naby te hê, kan hulle help om kalm te bly en hulle teen beserings te beskerm.

So hoe kan ons hierdie situasie in die gedagtes oorkom. Die doel is om 'n breek te neem van gedagtes en aktiwiteite wat jou angstig en verward laat voel sodat jou brein en liggaam van stres kan herstel. Miskien moet u 'n paar lewenstylkeuses opknap om u energie en geestelike helderheid te verhoog. Prioritiseer

HOOFSTUK 11

om kwaliteit slaap te kry, verseker dat jou dieet voedsaam en gebalanseerd is, gereelde fisieke aktiwiteit beoefen en leer om stres te bestuur.

Spandeer meer doelbewuste tyd saam met God, hoe dit ook al vir jou lyk - gebed loop, luister na aanbiddende musiek, Bybelse meditasie, stilte, kreatiwiteit, dans, lees of luister na die woord, Wanneer ons teenstrydige menings oor evangelie waarhede teëkom, is dit goed om te onthou dat "God nie die skrywer van verwarring is nie, maar van vrede" (1 Korinthiërs 14:33). Soms kan verwarring tydelik wees en sal verbygaan. Soms is verwarring langtermyn en is dit as gevolg van 'n permanente toestand.

1 Korinthiërs 14:26–32, Paulus sê dat ons 'n orde in aanbidding volg omdat "God nie 'n God van verwarring is nie, maar van vrede"

Om aksie te neem kan 'n kragtige teenmiddel wees om verwarring en dilemma te oorkom wat jou tot besluiteloosheid en gebrek aan optrede lei. Selfs klein stappe, kan help om die situasie te verduidelik en 'n gevoel van rigting te gee. In 'n kern kan aksie nuttig wees om angs te verminder en duidelikheid te kry. Probeer om jouself af te lei met watter belangstellings jy ook al het.

Gaan doen iets anders soos jy voorheen gedoen het.

Versoekings:

Elke dag word versoekings in die gesig gestaar, dit is alles in ons lewens. Die wortel van die versoeking was die aanval wat satan op die Vader se woorde geplaas het oor wie Jesus homself geglo het. Die wortel van al die versoeking wat ek en jy vandag ervaar, hou verband met ons identiteit in Christus. Die Bybel verklaar dat die duiwel die bron van alle versoeking is en die "tempter" genoem word. (Mattheus 4:3). Maar hy is in staat om sukses te behaal omdat ons hom toelaat - en ons laat hom slaag as gevolg van ons eie swakheid en sondigheid. Ons wil hê wat aangenaam lyk sonder om die koste te tel. Kyk hoe James daardie vraag beantwoord het: "Temptation kom van ons eie begeertes, wat ons lok en ons wegsleep. Hierdie begeertes gee geboorte aan sondige optrede. En wanneer sonde toegelaat word om te groei, gee dit geboorte aan die dood," (Jakobus 1:14-15) versoek satan deur ons eie afvallige en goddelose begeertes aan te wakker om verkeerd te doen. Is ons regtig so swak vir versoeking in ons lewens. Dan, nadat begeerte ontstaan het, gee dit geboorte aan sonde; en sonde, wanneer dit volgroeid is, gee geboorte aan die dood." Sodra ons die stap neem om op die verkeerde begeerte op te tree, draai versoeking na sonde.

As jy jouself versoek om iets te doen wat teen jou gesondheids doelwitte gaan, vind 'n beter afleiding. Dit werk goed as die afleiding iets is wat jy geniet en kan doen of dink oor enige plek. As jy op iets anders as jou versoeking kan fokus, begin jy goed. Ons moet 'n afleiding vind om die versoeking van satan te beveg. Ja, dit gesê, versoeking kan 'n ernstige probleem wees wanneer die langtermyngevolge daarvan lei tot verlies aan werk, huis, gesondheid, lewensbestaan of verhouding. As jy 'n sterk begeerte ervaar om op te tree op 'n manier wat jy weet nie goed is vir jou gesondheid of welstand nie en sukkel met hierdie gevoelens, kan dit help om met 'n geestes gesondheidswerker te praat. In die konteks van selfbeheersing en ego-uitputting word versoeking beskryf as 'n onmiddellike, aangename drang en/of impuls wat 'n individu se vermoë ontwrig om te wag vir die langtermyndoelwitte, waarin daardie individu hoop om te bereik.

HOOFSTUK 11

Jesus is deur die Gees na die woestyn gelei om deur die duiwel geterf te word (Matteus 4:1). God doen dus nie die aanloklike—he stel nie bose begeertes in ons harte nie (want hy kan geen bose begeertes in sy hart hê nie)—maar hy bring ons in die teenwoordigheid van baie toetse en versoekings.

Korinthiërs 10:13
 Geen versoeking het jou ingehaal nie, behalwe wat vir die mensdom algemeen is. En God is getrou; hy sal nie toelaat dat jy versoek word bo wat jy kan dra nie. Maar wanneer jy versoek word, sal hy ook 'n uitweg bied sodat jy dit kan verduur. Dit is wat die Woord van God vir ons sê.

Ons kan versoeking in ons lewe oorkom, duidelike grense stel om u te help om situasies te vermy waar versoeking kan ontstaan. Beperk een-tot-een interaksies met mense wat jy aantreklik vind en nooi jou maat of 'n groep vriende om eerder by jou aan te sluit. Dit skep 'n buffer wat optrede op versoeking ontmoedig.

Ek onthou hoe ek deur die duiwel mishandel en verlei is, hoe my amper uitmekaar geruk het, metolies, fisies en geestelik, maar God gee ons altyd 'n manier om die duiwel se doel en plan te ontsnap.

Die weg van ontsnapping is om voor die troon van genade te gaan en vir genade te bid in tyd van nood; met ander woorde, voor ons val. Dan het ons God se belofte dat ons die genade sal ontvang, wat krag en hulp op die regte tyd is, sodat ons kan staan nadat ons alles oorwin het. Weereens was Jesus in elke opsig versoek soos ek en jy versoek word. Alhoewel Hy volkome God was, het Hy die versoeking van satan verduur. Gedurende Sy versoeking in Lukas 4:1-13 het Jesus Sy integriteit behou deur vas te hou teen al die satan wat na Hom gegooi is. Omdat Hy versoek was soos ons is, kan Hy verstaan wat ons in die gesig staar.

Versoeking kan 'n ernstige probleem wees wanneer die langtermyngevolge daarvan lei tot verlies aan werk, huis, gesondheid, lewensbestaan of verhouding. As jy 'n sterk begeerte ervaar om op te tree op 'n manier wat jy weet nie goed is vir jou gesondheid of welstand nie en sukkel met hierdie gevoelens, kan dit help om met 'n geestesgesondheidswerker te praat.

Die sleutel om versoeking te oorkom, is om Hom (God) meer te wil hê as wat jy wil hê wat versoeking beloof. Verheug daarin — "Ek verlustig in jou opdragte, waarvan ek lief is". Iemand wat in die Skrif verheug, gee sy hele energie om dit te weet en dit te gehoorsaam. Bestudeer dit "Ek sal mediteer op jou voorskrifte en dink oor jou maniere"

jou eerste stap in die oorwinning van versoeking is om na Hom te draai in bekering en geloof. Erken dat slegs Jesus die Christus jou reg voor God kan maak. Hy het in jou plek gesterf om die regverdige toorn van God teen jou sonde te bevredig, en Hy het uit die dood opgestaan om te bewys dat die skuld betaal is.

HOOFSTUK 12

Verhoudings:

Mense Verhoudings :

'n Interpersoonlike verhouding verwys na die assosiasie, verband, interaksie en band tussen twee of meer mense. Daar is baie verskillende tipes verhoudings, maar ek wil met jou praat oor Menseverhoudings.

As Christene het ons baie karakters van die lewe saamgekom en ons moet 'n Oop Christelike hart teenoor 'n ander hê.

Wat is menseverhoudings vir 'n Christen, ń Christus-agtige verhoudings binne die gemeenskap van gelowiges laat ons toe om mekaar diep lief te hê, in gemeenskap met mekaar te wees, mekaar se laste te dra, mekaar aan te moedig en te bou om te groei en ons wêreld saam te dien.

Ons kan nie soos Christus wees nie, is dit nie waar nie? Christene glo dat mense na God se beeld gemaak word en dat dit verantwoordelik is vir ons verhoudingsgroei.

God is vir ewig in verhouding – Vader, Seun, en Gees – en toe God ons gemaak het, is ons gemaak met die vermoë en begeerte vir verhoudings wat in ons gebak is. Wanneer ons saam met ander Christene vergader, word die besluite wat God wil hê ons moet neem, nog duideliker (Matteus 18:20). Ons sien God die duidelikste deur ons verhoudings met ander.

Luister hierna, 'n gesonde verhoudings kan: verhoog jou gevoel van waarde en behoort en help jy voel minder alleen. gee jou vertroue. ondersteun jou om nuwe dinge uit te probeer en meer oor jouself te leer. Wanneer ons as Christene bereid is om God te volg en Hom eerste te stel met betrekking tot ons verhoudings, eer ons Hom en kan ons ook ander beter liefhê as wat ons ooit kon sonder Sy hulp.

Dit is noodsaaklik dat ons God prioritiseer in ons verhoudings, ongeag die verband. Hy moet die belangrikste persoon in ons lewens wees en Sy woord kan ons help lei oor hoe om ander lief te hê en te respekteer. Deur ons verhouding met Hom te verdiep, kan ons beter omgee vir diegene rondom ons. Genesis 2:18

"Toe sê die Here God: 'Dit is nie goed dat die man alleen moet wees nie; ek sal hom 'n helper vir hom laat pas.

Die Goeie nuus is ,

Die meeste van ons is bedoel om ons lewens saam met 'n maat aan ons kant te leef.

So het ons mekaar nodig in ons daaglikse bestaan en dit is hoe belangrik ons vir mekaar is. As volgelinge van Christus vereis die onderwerping aan mekaar dat ons strenger aan eenheid en liefde vashou as aan ons regte en voorregte. Jesus het gesê dat die belangrikste gebod is om God lief te hê, en die tweede belangrikste is om "jou naaste lief te hê soos jouself"

HOOFSTUK 12

Wees vriendelik, Deernisvol en Vergewe

Hy is altyd vriendelik en medelydend teenoor ons, selfs in ons sonde. Sy offer aan die kruis het die vergifnis van ons sonde verseël. Jesus het vriendelikheid, deernis en vergifnis vir die hele mensdom gemodelleer om te volg. En as Sy kinders moet ons ons daartoe verbind om dieselfde te doen.

Hy wil hê dat ons ongelooflike, lewensveranderende liefde, barmhartigheid en deernis moet ervaar, nie net van hom nie, maar van diegene rondom ons. En hy wil hê ons moet daardie liefde aan ander betoon. Die oproep om ander op tasbare maniere lief te hê en te help —, veral dié wat swakker as onsself is —, loop deur die Bybel. Om as Christen te bly en te groei, is kerke en pastore nodig. Daarbenewens het jy ander Christene nodig om jou te help om die Christelike lewe te leef, en ander Christene het jou nodig om hulle te help. Die brief aan die Hebreërs beklemtoon hierdie punt.

Christene moet met mekaar verband hou op grond van verantwoordelike vertroue. As jy 'n ander broer of suster genoeg vertrou om hom of haar te vertrou, moet jy ook daardie persoon vertrou om daardie inligting verantwoordelik te gebruik. Om noue verhoudings met familie of vriende te hê, bied liefde, betekenis, ondersteuning en kan ons gevoelens van selfwaarde verhoog. Ons breër sosiale netwerke, soos dié in ons plaaslike gemeenskap of op skool of werk, kan bydra tot 'n gevoel van behoort. Deur goeie luister en toeganklik te wees, kan jy 'n gemeenskaplikheid vind wat individue toelaat om te verbind. Om met iemand te verbind, is baie nuttig om met hulle verband te hou. Deur daardie verband is dit makliker om empaties te wees wanneer 'n persoon hul standpunt deel.

Liefde in Daad en Waarheid. Klein kindertjies, laat ons nie in woord of praat liefhê nie, maar in daad en in waarheid. ...

Wees vriendelik, Deernisvol en Vergewensgesind. ..

Wees Nederig en Sag. ...

Bou Nog een op. ...

Behandel ander hoe jy behandel wil word.

Gesinsverhoudings:

Een van die belangrikste dinge wat die Bybel ons oor gesinne leer, is dat dit 'n bron van seën van God is. In die dae waarin ons is, wil satan gesinne uitmekaar skeur. Hy poog om die gesin te ondermyn deur geslag te verwar, seksuele verhoudings buite die huwelik te bevorder, die huwelik te bespot en die geboorte van kinders te ontmoedig deur getroude volwassenes wat andersins kinders in geregtigheid sou grootmaak. Regoor ons wêreld kan ons sien dat gesinne in gebrokenheid is, maar ons glo altyd hoop, Jesaja 53:5 onderstreep God se voorsiening vir die gebroke hart, die gebroke siel, die gebroke mens en ja, die gebroke gesin. Maar Hy is gewond vir die verkeerde wat ons gedoen het; Hy was verpletter oor die kwaad wat ons gedoen het. Die straf wat ons goed gemaak het, is aan Hom gegee, en ons is gesond as gevolg van Sy wonde.

Ouers word beveel om hulle kinders lief te hê, te onderrig en te dissiplineer (Titus 2:4; Deuteronomium 6:7; Spreuke 13:24). En kinders word beveel om hulle ouers te eer en te gehoorsaam.

Daar word beweer dat Egskeiding die hoofrede agter gebroke familie is. Die algemene geskille tussen 'n man en 'n vrou is die finansiële kwessie, seksuele misverstand, vroeë huwelik,

HOOFSTUK 12

tienerswangerskap, opvoeding, gesondheidsprobleem, ens. [2] Wanneer die ouers skei, verlaat hulle gewoonlik of een of ander tyd albei die huis. Gesinne staan sentraal in God se plan vir Sy kinders. Hulle is die fundamentele bousteen van sterk samelewings. Gesinne is waar ons liefde kan voel en leer hoe om ander lief te hê. Die lewe is moeilik, en ons het mense nodig waarop ons kan steun.

Diegene wat hul familie pla, sal die wind erf. Die dwaas sal dienaar wees van die wyse." Die Goeie Nuus: As jy probleme en skade aan jou familie bring, sal jy absoluut niks kry nie. Maar as jy omgee en liefde na jou huis bring, sal jy net dieselfde in ruil kry.

Die familie is die grondliggende instelling van die samelewing wat deur God georden is. Dit word deur die huwelik saamgestel en is saamgestel uit persone wat met mekaar verband hou deur huwelik, bloed of aanneming. Die familie is 'n fundamentele instelling van die menslike samelewing.

Die betekenis van 'n geestelike familie.

"Om 'n geestelike familie te hê, beteken dat ek ander het wat in lyn is met my sienings oor die eenheid van die mensdom en hoe ons ons lewens moet leef en onsself in alle situasies moet gedra."

Hierdie verbande is belangrik omdat familie ons help om deur die mees rampspoedige tye en die beste tye te kom. Familie is belangrik omdat hulle ondersteuning en sekuriteit kan bied tesame met onvoorwaardelike liefde; hulle sal altyd kyk om die beste in jou te sien en na vore te bring, selfs al kan jy dit nie vir jouself sien nie. Die goeie nuus is dat die Bybel positief is oor gesinne; die familie was God se idee – 'n integrale deel van menswees. God bevestig families. Hy het bedoel dat hulle iets kragtigs vir goed, plekke van behoort en vertroue, van leer en liefde sou wees.

HOOFSTUK 13

Verwerping:
Mense voel verwerp wanneer hul verhoudingswaarde vir ander beskou word as nie hoog nie. Die verhoging van 'n mens se eie gevoelens van aanvaarding kan begin met die bepaling van wie se menings die belangrikste is.

Is dit nie iets waaraan ons oor die jare gewoond geraak het nie, ek is verskeie kere in my lewe verwerp.

Dit was nooit 'n goeie gevoel nie. Verwerpings maak soveel seer, sosiale pyn (soos om deur ander verwerp en in die steek gelaat te word) en fisiese pyn word in dieselfde dele van die brein gevoel. Met ander woorde, die brein kan nie die verskil tussen die pyn van 'n breuk en die pyn van 'n gebreekte arm vertel nie. Verwerping kan 'n groot tol op jou selfbeeld eis en lei dikwels tot diep emosionele wonde en wonde in jou gees wat deure oopmaak wat veroorsaak dat jy ander negatiewe emosies ervaar, insluitend depressie, vrees, twyfel, isolasie, selfbejammering, selfmoord gedagtes , mense wat behaag, dubbelgesindheid, eetversteurings. Seer gevoelens, jaloesie, eensaamheid, skaamte, skuld, sosiale angs en verleentheid vind plaas wanneer mense sien dat hul verhoudingswaarde vir ander mense laag is of in potensiële gevaar verkeer. Weereens verhoog verwerping woede, angs, depressie, jaloesie en hartseer. Dit verminder prestasie op moeilike intellektuele take, en kan ook bydra tot aggressie en swak impulsbeheer.

Moenie hulle verwerping persoonlik opneem nie. As jy getrou is om met die evangelie te konfronteer, moet ons onthou dat hulle ons uiteindelik nie verwerp nie, hulle verwerp Christus (1 Thessalonicense 2:13). Wees geduldig en vriendelik, en moenie die vriendskap verlaat nie.3

Maak nie saak wat ander kies om te doen nie, ons word deur God aanvaar. Wanneer ander ons verwerp of beledig, kan ons kies om in die Waarheid te rus dat ons deur God aanvaar en liefgehad word en deurdat ons krag vind om liefdevol te bly en verhoudings na te streef.

Verwerping veroorsaak, Bitterheid in die hart van die mens.

Een van die gevaarlikste uitdagings in ons lewe, is hierdie situasie,

Bitterheid

Ja, vergifnis en onvergewensgesindheid speel beslis hul rolle in hierdie situasie, bietjie wat is die wortels van al ons bitterheid.

Bitter mense voel dat hulle seergemaak, misbruik en mishandel is. Die seer was dalk opsetlik, onbedoeld, verbeel. Wanneer 'n bitter persoon seergemaak word, en hy of sy nie die probleem hanteer nie, word dit geïnternaliseer. Hy begin daarop woon; sy begin dit oor en oor en oor mul, en weer.

HOOFSTUK 13

Vanuit Bybelperspektief is dit die konteks van Hebreërs 12:14-15. Die grond van bitterheid is 'n hart wat vyandigheid koester en nie seermaak deur die genade van God nie. Wanneer iemand bitter word, wortel die bitterheid in die hart en groei dieper. Die wêreld is vol mense wat nie 'n ou seergekry het nie. Uit die wortel van bitterheid spruit woede, toorn, slegte praat, vloek, haat, afguns en jaloesie. Bitterheid kan ook die saad van baie siektes, geestesongesteldheid en emosionele onstabiliteit wees. Baie van hierdie simptome word behandel met medikasie, dwelm- en alkohol verslawing, selfs vernietigende gedrag.

Jy moet verstaan dat die enigste genesing vir bitterheid en woede vergifnis is. Bitterheid is gefokus op wat aan jou gedoen is. Om bitterheid op te breek, moet jy ook bereid wees om te kyk na wat jy aan ander gedoen het. Bitterheid is gewortel in onregverdige, teleurstellende of pynlike ervarings wat enige mens seergemaak, kwaad of hartseer sal laat voel. Terwyl die meeste mense daardie emosies kan voel en hulle dan agterlaat, weier diegene wat bitter vashou, weier om die oortredings (werklik of verbeel) te vergewe en hulself in ellende te bedra. Hierdie "bitterheid" is suur tot 'n mens se siel, en uiteindelik begin dit na vore kom. Wanneer dit wel gebeur, is die vrugte wat dit produseer onvriendelik, suur, skerp, sarkasties, smalend, sinies, bespotlik, minagtend en gewond. Bitterheid het niks goeds te sê oor die ander persoon.

Die Bybel sê vir ons dat die beste manier om bitterheid te verloor, is om vergewensgesind te wees. In Efesiërs 4:32 het Paulus geskryf: "Wees vriendelik teenoor mekaar, teer van hart, vergewe mekaar, soos God julle vergewe het." Gelukkig vervaag dit gewoonlik met tyd en perspektief. Maar as dit te sterk is of te lank talm, kan bitterheid jou daarvan weerhou om vorentoe en genesing te beweeg. En dit kan dit vir jou baie moeilik maak om vervullende, gesonde verhoudings, vriendskappe en ervarings te hê.

Die sleutel tot die stryd teen bitterheid is vergifnis. As jy vergewe, laat jy die ander persoon uit die haak vir hul foute. Jy kan jou seer aan God oorhandig, wat dit met volmaakte geregtigheid sal hanteer. Dan kan jy in vryheid tree in plaas daarvan om in die slaweny van bitterheid gehou te word.

Demonstreer liefde op 'n praktiese manier.

Ware vryheid en vreugde word gevind deur die evangelie van genade te omhels en dit uit te brei na die einste mense wat ons die minste geneig is om lief te hê. Die genesing vir bitterheid word nie gevind om gelyk te word nie, maar deur genade te gee— net soos God in Christus vir ons gedoen het.

Efesiërs 4:31
"Laat alle bitterheid en toorn en woede en geskreeu en laster van jou weggesit word, saam met alle kwaadwilligheid." Bitterheid is ook 'n sonde wat die lewe kan vernietig. Romeine 12:19 beveel ons om nie wraak te neem nie, maar om God te laat wreek. Die sleutelelemente van bitterheid is onopgeloste woede, die onvermoë om te treur en 'n gebrek aan beheer. En ons word vertel om nie die Heilige Gees van God te bedroef nie. Ten slotte sluit Paulus af met Efesiërs 4:31-32, dit is waar ons begin het. Hy het vir ons gesê: "Raak ontslae van alle bitterheid, woede en woede, baklei en laster, saam met elke vorm van kwaadwilligheid."

Besluit – Jy sal nooit vergewe as jy wag totdat jy so voel nie. Kies om God te gehoorsaam en die duiwel standvastig

HOOFSTUK 13

te weerstaan in sy pogings om jou met bitter gedagtes te vergiftig. Neem 'n kwaliteit besluit om te vergewe, en God sal jou gewonde emosies betyds genees (sien Matteus 6:12-14).

Psalm 71:20 Elkeen het moeilike seisoene wat bitter kan voel. God belowe om ons te herstel. Hy wil hê ons moet ons hoop op hom plaas sodat ons ons bitterheid kan oorkom. Hy wil nie hê ons moet in ons probleme vassit nie, maar om vorentoe te beweeg met sy leiding. Bid — vra God om die wortel van jou bitterheid te openbaar.

HOOFSTUK 14

Oorwin dit alles:
Oorwin alle satan se versoeking deur die toepassing van Ware Liefde op jou lewe en die mense rondom jou.

Dit is wat ons moet doen, wanneer die kwaad rondom ons is. Dit is wat ons kan doen omdat ons in Christus is. God sê, "Doen dit en jy sal boosheid met goed oorkom: Laat liefde eg wees." Met ander woorde: "Liefde moet opreg wees." Dit moet outentiek wees! Hardloop na God. Ons eerste en grootste verweer teen die planne van die duiwel is om in 'n regte verhouding met God te leef. Let op verskeie sleutel idees in Jakobus 4:

Nederig jouself voor God. Trots maak ons kwesbaar vir Satan se aanvalle. Trots was die duiwel se ondergang, en hy wil hê ons moet trots wees. …

HOOFSTUK 14

Neem die Woord van God op.
 Weet wat waar is van jou. Jy kan nie glo wat jy nie weet nie. ..

Behandel die waarheid as joune. Gesproke woord het krag wat alleen gedink het nie. …

Draai weg van die vyand en na God toe.
 Let daarop dat hierdie verse begin en eindig met die tema van die bose: "Abhor wat kwaad is; hou vas aan wat goed is, "Moenie oorkom word deur die bose, maar oorkom kwaad met goeie" Oorkom Negatiewe Gedagtes Deur die verskuiwing van Jou fokus.

Bid, oefen, stap of dink aan iets heeltemal teenoorgestelde. Vind net iets anders om te doen, iets wat jou gedagtes van die gedagte sal afhaal. Om te veel daaroor te dink, kan tot angs en depressie lei en dit is nie wat God vir Sy kind wil hê nie.

Ons oorkom die kwaad met goed deur met liefde te reageer. Ons moet altyd verseker dat alles wat ons sê en doen, gemotiveer word deur die liefde van God en die liefde vir ander. Volgens Mattheus 5:43-44, as ons die kwaad met goed oorwin, moet ons liefhê en bid vir mense wat ons aanstoot gee, ons irriteer of vervolg. Trouens, so groot is die krag van duisternis oor die gedagtes van mense, dat niks anders as die krag van God hulle daaruit kan verlos nie. Niemand het homself ooit verlos nie; niemand het nog een afgelewer nie. God alleen, deur sy magtige krag, soos die Apostel in die teks verklaar, lewer die kinders van die koninkryk daaruit.
 Die lig skyn in die duisternis, en die duisternis het dit nie oorkom nie." Die Goeie Nuus: Ongeag hoe sleg dinge mag lyk

of hoe sleg dinge kan raak, daar is altyd hoop. Die weg van ontsnapping is om voor die troon van genade te gaan en vir genade te bid in tyd van nood; met ander woorde, voor ons val. Dan het ons God se belofte dat ons die genade sal ontvang, wat krag en hulp op die regte tyd is, sodat ons kan staan nadat ons alles oorwin het. (Hebreërs 4:16; Efesiërs 6:13.)

As 'n persoon van geloof moet jy sterk in die Here wees deur in Sy Woord gewortel te wees. Kommunikeer met Hom in gebed. Hou jou gees verbind aan God se deur jou bediening van aanbidding. Moenie toelaat dat die vyand jou areas van swakheid uitbuit nie, laat God eerder daardie swakhede aan jou openbaar sodat Hy hulle kan versterk. Wees dapper en sterk. Moenie bang wees nie, en moenie ontsteld wees nie, want die HERE jou God is met jou waar jy ook al gaan."

Om 'n sterk Christen te wees, moet jy spiritualiteit, ywer, volwassenheid, heiligheid en standvastigheid in die Here ontwikkel. Daar is verskillende areas van jou lewe wat ontwikkel moet word as jy ooit 'n sterk Christen genoem word. Leef 'n geestelike lewe deur geloof.

Die belangrikheid daarvan om elke dag soggens met God te begin.

Die noodsaaklikheid om daagliks die Woord van God in te neem.

Die belangrikheid daarvan om elke oggend te bid voordat jy iets anders doen.

Die belangrikheid daarvan om elke dag stil tyd te spandeer om te besin.

HOOFSTUK 14

Psalm 46:1 - "God is ons toevlug en krag, 'n ewige hulp in die moeilikheid." Jesaja 40:29 - "Hy gee krag aan die vermoeides en verhoog die krag van die swakkes." Efesiërs 6:10 "Uiteindelik, wees sterk in die Here en in sy magtige krag." God wil hê dat ons sterk moet wees op 'n manier wat goed op hom reflekteer. In 'n gevalle wêreld is hierdie twee begeertes dikwels in stryd. Nou, as ons sondeloos was, sou ons begeertes en God se begeertes in volmaakte harmonie wees. Ons wil net sterk wees in die krag wat God voorsien (1 Petrus 4:11).

Wanneer ons alleen by God is… wanneer ons "wag" op hom, kan ons sy krag ontvang. Wanneer ons glo en vertrou wat ons in die Skrif lees en hoe God werk, word ons hoop versterk. Hierdie sterk geloof en hoop, gegrond in die Skrif, kan ons krag gee. Geestelike krag kan jou help om swaarkry te oorkom.
  Hy gee voorbeelde waar geestelike mense maniere vind om "die uitdaging die hoof te bied en voort te gaan met doelgerigte lewens…hulle bons terug en gaan voort." Om 'n sterk geestelike uitkyk te hê, kan jou help om betekenis te vind in die moeilike omstandighede van die lewe. Dan is daar die woord krag in die grootste gebod 'om God lief te hê met jou hele hart, siel, verstand en krag' (Deuteronomium 6:5). Om God met jou hele hart, siel en verstand lief te hê, klink reeds soos alles wat jy is, maar die ekstra woord krag of 'peet' wat veelheid of alles beteken. Hulle swakheid is in krag verander. Hulle het sterk geword in die geveg en hele leërs na vlug" Net so orden God toetse vir ons, nie ter wille van hom nie, maar vir ons s'n. Hy orden vandag toetse net soos hy in die Ou Testament gedoen het met die toetsing van sy mense, en in die Nuwe Testament met die toetsing van die dissipels.

Hulp en Advies Van Bo

Die krag wat die Heilige Gees aan ons gee, is iets wat in die natuurlike sowel as die bonatuurlike reflekteer. Hy gee ons krag, liefde en selfdissipline. Mag kan baie dinge wees wat deur die Heilige Gees gerugsteun word, soos vrymoedigheid om die evangelie en krag te verkondig om genesende wonderwerke te verrig. Hoe Hy sy krag aan ons gee, is soos volg: Hy verander ons denke. Hy gee ons die krag "om te begryp" Sy grootheid, Sy krag, Sy beloftes, Sy liefde. God se natuur en karakter moet vars aan ons geopenbaar word sodat ons kan begryp.

Hoe om in te pas by Jou Geestelike Energie

1) Daaglikse, oggend meditasie. Begin jou dag met 'n meditasiepraktyk. ..

2) Neem altruïstiese optrede binne die gemeenskap. ..

3) Kry 'n daaglikse dosis van die natuur. ..

4) Omring jouself in musiek. ..

5) Luister na jou ingewande. …

6) Ondersteun jou verstand en liggaam. ..

7) Waardeer wat jy het. …

8) Aanvaar ander.

HOOFSTUK 16

Aanmoedig en Bemoediging
Ek wil jou aanmoedig,
om jou geloof te laat werk.
Die Bybel leer ons dat God ons die geloof gegee het om te glo toe ons die eerste keer gered is, daar aan die kruis.

Ons is almal 'n mate van geloof gegee en God wil hê dat ons hierdie geloof moet gebruik om die planne en doelwitte waarvoor Hy ons geskep het, na te kom. Geloof moet aan die werk gestel word, want geloof sonder goeie werke is dood (Jakobus 2:14-26). Geloof gee doel en rigting in die lewe

Geloof vee twyfel uit en die idee dat dinge gedoem is om te misluk. Geloof bring kanse dat dinge sal uitwerk, en dit word hoër as dit gepaard gaan met aksies. Deur groot geloof te hê, voel ons meer aangemoedig om nuwe dinge te probeer en sodoende doel aan 'n mens se lewe te gee. Jakobus 2:17 So is die geloof, as dit geen werke het nie, dood, op sigself. Weereens erken James die teenwoordigheid van geloof in die gelowige. Hy sê dat geloof op sigself nie ongeldig of afwesig is nie. Nietemin sê James dit is "dead" omdat dit bestaan sonder werke wat geloof sy doel om God te verheerlik, ontken. Job was 'n man met groot geloof in God. Hy het vir sy gesin gebid en 'n goeie lewe gelei. Satan het gedink dat Job van sy geloof sou wegstap as God die dinge in sy lewe wat hy liefgehad het, insluitend sy kinders, al sy besittings en sy gesondheid, verwyder het. God het Satan toestemming gegee om die geloof van Job te toets, maar hom nie dood te maak nie.

Erken God se teenwoordigheid en kies om jou gedagtes op die Skrif te fokus. Oefen om 'n gedeelte te memoriseer of dit in diepte te bestudeer deur kommentaar te lewer. Gebruik die tyd om 'n gunsteling gedeelte in 'n notaboek te kopieer. Dink diep oor 'n klein gedeelte en hoe dit van toepassing is op wat jy in die lewe hanteer. Want dit is uit genade dat jy gered is, deur geloof — en dit is nie van julleself nie, dit is die gawe van God — nie deur werke nie, sodat niemand kan spog nie. Want ons is God se handewerk wat in Christus Jesus geskape is om goeie werke te doen, wat God vooraf voorberei het om te doen. Geloof wat werk, is om God se Woord te glo. Dit beskou nie die omstandighede nie, dit is gefokus op wat God gesê het en bring sy woorde dienooreenkomstig in lyn. Jy kan die verandering veroorsaak wat jy begeer. Dit hang af van jou geloof.

Redes vir die verlies van geloof
traumatiese ervarings wat jou laat twyfel of jou god werklik welwillend is. geestesgesondheidskwessies, soos depressie of angs. ervaar rou en wonder of die lewe die moeite werd is. voel eensaam en ontkoppel van ander.

HOOFSTUK 15

Ons daaglikse lewe as Christene:

Ons daaglikse lewe as Christen.
Weereens gebore: of Wedergeboorte...........

Die Christelike lewe is die lewe van bekering, geloof en goeie werke wat deur die krag van die Gees geleef word en met die hulp van die genademiddele soos die Christen aan die beeld van Christus gelykvormig is tot eer van God. ons gewoontes binne ons alledaagse lewe neem werk en dat dit die moeite werd is om ons pogings daarin te plaas; soos Kolossense 3:23 sê, "wat jy ook al doen, werk daarmee saam met jou hele hart, want werk vir die Here…" Skrif gee ons ook opdrag om altyd ons bes te doen. 'n Nuwe dag kom in elk geval, Jesus sê vir ons om eendag op 'n slag te lewe. Hy sê vir ons om nie bekommerd te wees oor môre in Matteus 6:34 nie. Hy sê vir ons om God te vra vir ons daaglikse voorsiening in Matteus 6:11. En ons weet dat God se ontferminge elke oggend nuut is uit Klaagliedere 3:22–23.

God voorsien ons van die vermoë om vrede in enige situasie te hê, Hy bewaar ons harte en verstand en lei ons na paaie van geregtigheid (Psalm 23:3). Hy gee ons vertroue wanneer ons onseker is en ons verlangende siele bevredig. Hierdie een ding wat Jesus sê, is die belangrikste: om God lief te hê en jou naaste lief te hê. Vir toegewyde, regverdige Jode het liefdevolle God beteken om die gebooie "die Tien Gebooie te onderhou. Om met goddelike wysheid te leef, is elke dag die roeping. Om met genade te praat en die lewens van ander met die waarheid te beïnvloed, behoort ons daaglikse doelwit te wees… Aan die einde van die dag, as Christene, wil ons toelaat dat die evangelie ons lewens vorm. Ons wil waardeer wat God waardeer en ons wil liefhê wat Hy liefhet.

Wees dus baie versigtig hoe jy — leef nie so onverstandig nie, maar so wys, wat die meeste van elke geleentheid maak, want die dae is boos." Die Goeie Nuus: Maak gebruik van nuwe geleenthede om jou geloof te versterk en betekenis in jou alledaagse lewe te skep. Wees lief vir God en jou naaste

Dit is die eerste en groot gebod. En die tweede is soos dit, jy sal jou naaste liefhê soos jouself" (Mattheus 22:37–39). Wanneer jy haat vervang met liefde, en woede met vriendelikheid, sal jy nader aan God voel en meer vrede in jou lewe sien.
   Dinge wat jy moet weet

Lees die Bybel en leer soveel oor Jesus as wat jy kan.

Bid dikwels en volg God se leringe in jou alledaagse lewe.

Word gedoop om jou lewe aan Christus te wy.

HOOFSTUK 15

Draai na God in goeie tye en swaarkry en soek die lesse wat Hy jou leer.